Hannah Schramm

Deutsch-Amerikanisches Kochbuch

Hannah Schramm

Deutsch-Amerikanisches Kochbuch

ISBN/EAN: 9783743315570

Hergestellt in Europa, USA, Kanada, Australien, Japan

Cover: Foto ©Lupo / pixelio.de

Hannah Schramm

Deutsch-Amerikanisches Kochbuch

Deutsch=Amerikanisches
Koch=Büchlein
Vom Dorle.

Preis 25 Cents.

Vorwort.

Oefters schon wurde ich ersucht, ein Kochbuch zu schreiben, doch bei den vielen Kochbüchern, die jetzt im Markte sind, hielt ich es beinahe für Vermessenheit, zu den vielen noch eins hinzuzufügen. Dennoch habe ich mich entschlossen, ein kleines Büchlein zu schreiben. Ich habe mit diesem eine gewisse Absicht, und wenn es mir gelingen sollte, diese Absicht mit diesem Büchlein zu erreichen, und wenn dieses Büchlein hier und da Nutzen und Aufklärung in einen Haushalt bringen sollte, so würde Niemand mehr dankbar sein als ich.

Dorle.

Suppen.

Suppen sind in einem jeden Haushalt zu empfehlen, erstens, wegen ihrer Nahrhaftigkeit und Gesundheit, sowie auch, weil es billiges Essen ist, und mit den verschiedenen Suppen, die man machen kann, hat man immer gute Abwechslung. Eine gute Tasse Bouillon oder ein Teller guter Suppe, ist die allerbeste Vorbereitung für ein Mittagsessen; es erwärmt den Magen und hilft deshalb der Verdauung. Kinder wollen oft nichts von Suppe hören, da kann man ein Täßchen Bouillon geben, welches dieselben Dienste leistet.

Feines Bouillon.

Nimm 3—4 Pfund mageres Rindfleisch, etliche Kalbsknochen, wenn man es hat, einen Schinkenknochen oder ein Stück Schinken, eine große weiße Zwiebel, etliche Muskatblüten, etliche gelbe Rüben, weißen Pfeffer, das nöthige Salz. Setze das Fleisch mit 5—6 Quart Wasser auf das Feuer; wenn es anfängt zu kochen, schäume gut ab und gieb nun das Obige dazu, laß es 5—6 Stunden langsam kochen, nimm das Fleisch heraus und gieße die Brühe durch ein Haarsieb, setze es an einen kalten Ort, wenn kalt, nimm das Fett ab; dieses Bouillon kann man eine Woche halten, im Eisbehälter, im Winter an einem kühlen Ort. Man wärmt jeden Mittag so viel als man braucht. Dieses Bouillon ist auch gut für eine Abendgesellschaft, als erster Gang, mit frischen Crackers.

Gewöhnliche Suppen.

Man nimmt einen Rinds- und ebenfalls einen Kalbsknochen oder zwei, setzt es ebenfalls mit 3—4 Quart kalten Wassers auf das Feuer und schäumt es ab, so bald es kochen will. Nun thut man gelbe Rüben, Zwiebel, Suppengrün aller Art, das man haben kann, sowie Muskatblüte, einen halben rothen Pfeffer, Salz und etliche Lorbeerblätter; man läßt dieses 3—4 Stunden kochen. Nun nimmt man die Knochen heraus und gießt die Brühe ebenfalls durch ein Haarsieb, nimmt, nachdem es kalt ist, alles

Fett ab. Man kann dieses auch einige Tage aufheben, und jeden Tag so viel nehmen, wie man zu einer Suppe nöthig hat, und da sind die Auswahlen so groß: Nudeln, Fläbeln, Reis, Gerste, Gries, eine Einlaufsuppe, die schnell gemacht ist. Man nimmt 2 Eßlöffel voll Mehl, rührt es mit kaltem Wasser zu einem Teig, nun rührt man zwei Eier dazu und läßt es unter fortwährendem Rühren in die Suppe laufen, läßt es aufkochen, und es ist fertig.

Griesmehl=Suppen, sowie Reis=Suppen, auch manche an= dere Suppen, werden sehr verbessert, wenn man in die Suppen= schüssel ein Ei mit ein wenig kaltem Wasser verrührt und die Suppe darüber anrichtet, auch gebackene Brotwürfelchen. Man schneidet gewöhnliche Stücke Brot und bestreicht es mit Butter, schneidet es in kleine Würfel und läßt es im Ofen schön gelb ba= cken. Nun giebt man auf einen jeden Suppenteller oder Näpf= chen etliche Stücke hinein und rührt die Suppe darüber an.

Rindfleischsuppe.

Man nimmt je nach der Familie etliche Pfund gutes Sup= penfleisch, setzt es mit kochendem Wasser auf, giebt Gewürz, Zwie= bel, Suppengrün, Salz und Pfeffer dazu, läßt es wenigstens 3 Stunden langsam kochen. Nun nimmt man das Fleisch heraus, gießt die Brühe durch ein Sieb, setzt es wieder auf das Feuer; nun kann man Schwammklößchen daran machen. Man setzt ein hal= bes Pint Milch auf das Feuer, mit etwas Salz und einem halben Löffel voll Butter. Sobald es kochen will, rührt man so viel Mehl hinein, bis es sich vom Geschirr losschält; so bald dieser Teig ein wenig abgekühlt ist, reibt man etwas Muskatnuß daran, nebst 2—3 Eiern, immer eins nach dem andern, man legt kleine Löffel voll in die Fleischbrühe, läßt sie 5—6 Minuten kochen.

Kartoffel= und Selerie=Suppe.

Man verfährt mit dem Fleisch wie in der obigen Suppe. Ei= ne Stunde zuvor die Suppe fertig sein soll, giebt man etliche Se= lerie=Wurzeln fein geschnitten dazu, eine halbe Stunde später 4— 5 Kartoffeln, fein geschnitten.

Schottische Hühnersuppe.

Zwei Pfund Kalbfleisch und ein junges Huhn werden mit 2 Quart Wasser aufs Feuer gesetzt. Nachdem es gut abgeschäumt ist, giebt man eine gelbe Wurzel, 2 weiße Rüben, eine Selerie= Wurzel, Salz, weißen Pfeffer und Muskatblüte dazu; man läßt es langsam 3 Stunden kochen. Das junge Huhn muß jedoch, so bald es fertig ist, herausgenommen werden, gieße die Suppe durch ein Sieb, gebe eine halbe Tasse abgebrühten Reis und etliche Po=

ree=Stangen fein geschnitten dazu, lasse die Suppe langsam ko=
chen, bis der Reis und Porree weich sind. Das Hühnerfleisch wird
in kleine Stücke geschnitten und in die Suppe gegeben.

Klare Ochsenschwanz=Suppe.

Man kocht Tags zuvor drei Ochsenschwänze; nun nimmt
man sie und schneidet sie in Stücke und brät sie schön gelb mit
Zwiebeln, die Schwänze legt man bei Seite, und die Zwiebeln
giebt man an die Fleischbrühe. Am nächsten Tage werden die
Schwänze in dem abgeschöpften Fett der Fleischbrühe gedämpft,
bis das Fleisch von den Knochen fällt; während dieser Zeit hat
man die Fleischbrühe zum Kochen gebracht, giebt die Brühe, in
welcher die Schwänze gedämpft wurden, dazu. Man schlägt das
Weiße von 3 Eiern zum Schaum, mit einem Pint kaltem Wasser,
rührt es langsam an die kochende Suppe, läßt es aufkochen und
nimmt es vom Feuer, man läßt sie etliche Minuten stehen und
seit durch ein Suppentuch, man setzt es wieder auf das Feuer und
läßt es zur beliebigen Stärke einkochen, man legt die Schwänze in
die Suppenschüssel und richtet die Suppe darüber an.

Kalbskopf=Suppe.

Diese Suppe sollte den Tag zuvor zubereitet werden. Wenn
man die Mühe des Zubereitens nicht scheut, wird man eine königli=
che Suppe erhalten. Wasche den Kopf und vier Schweinefüße ganz
rein, thue es in eine große Kasserole mit einer Gallone Wasser,
laß es 3 Stunden kochen, bis das Fleisch von den Knochen fällt,
laß die Füße noch kochen, nimm das fette Fleisch von dem Kopf
ab, so daß es wenigstens eine Tasse voll macht, nimm das Hirn
heraus und setze ebenfalls bei Seite, hacke das übrige Fleisch mit
der Zunge ganz fein, gieb Salz, Pfeffer, gepulverten Majoran
und Thyme, einen Theelöffel voll Nelken, so viel Muskatblüte,
einen halben Theelöffel voll gute Nelken und eine geriebene Mus=
katnuß, bring es wieder in den Topf; wenn das Fleisch von den
Schweinefüßen fällt, nimm die Knochen heraus, und das Fleisch
läßt man in dem Topf. Nun laß alles langsam noch 2 Stunden
kochen, nimm es jetzt vom Feuer bis zum nächsten Tag. Eine
Stunde vor dem Essen bring es zum Kochen, seie durch ein Sieb,
das Fleisch von den Füßen schneide in kleine Würfel, nun mache
kleine Klöße, nimm das hartgesottene Gelbe von 5 Eiern, reib es
mit einem silbernen Löffel zum Brei, reibe das Hirn dazu, tauche
deine Hände ins Mehl und mache kleine Klößchen daraus wie
Taubeneier, gieb das geschnittene Fleisch in die Suppe und dann
die Klößchen, laß es fünf Minuten kochen, nimm dann einen Löf=

fel voll gebranntes Mehl, rühre mit kaltem Wasser an und gieb an die Suppe mit einem Glas Wein und dem Saft einer Citrone.

Tapioca Rahm-Suppe.

Ein Quart von dem weißen Bouillon, um ihm die rechte helle Farbe zu geben, nimmt man den ersten Bouillon, den ich angab. Dann nimmt man das Weiße von einem Ei zum Schaum geschlagen mit ein wenig kaltem Wasser, laß es zum Kochen kommen, rühre das Ei schnell daran, laß nur aufkochen und seihe durch ein Tuch. Dieses macht den Bouillon ganz hell. In dieses Quart Bouillon gieb ein Pint Rahm oder Milch, eine Zwiebel, 2 Stengel Selerie, ein Drittheil Tasse Tapioca, 2 Tassen kaltes Wasser, einen Eßlöffel voll Butter, ein Stück Muskatblüte, Salz und Pfeffer. Den Tapioca weiche über Nacht ein, koche denselben und Bouillon eine Stunde langsam zusammen, die Zwiebel und Sellerie schneide in kleine Stücke und koche in der Milch und Muskatblüte 20 Minuten, seihe in den Tapioca und Bouillon, thue das Salz, Pfeffer und Butter dazu, laß es etliche Male aufkochen und servire.

Suppen ohne Fleisch.

Austern-Suppe.

Ein Pint Austern, 1 Pint Milch, 2 Eßlöffel voll Butter, eine Tasse Wasser, seihe die Brühe von den Austern, gieb das Wasser dazu, laß es zum Kochen kommen, nun gieb das Salz und Pfeffer dazu, ebenfalls die Milch, wenn es kochen will, gieb die Austern dazu und laß sie fünf Minuten kochen, nun thue die Butter hinein. Die Hauptsache liegt darin, daß sie nicht zu lange kocht, und doch auch lang genug, um den Austern den rechten Geschmack zu geben.

Milchsuppe mit Reis.

Eine halbe Tasse gewaschener Reis wird mit einem Pint Wasser und einer Citronenschale eine halbe Stunde gekocht, natürlich, wenn das Wasser zu sehr einkocht, gießt man nach. Wenn der Reis weich ist, giebt man ein Quart Milch, Zucker und Salz dazu, nebst einem halben Löffel voll Butter, man läßt es etliche Male aufkochen und bestreut oben mit Zimmt.

Milchsuppe mit Klöße.

Die Milch wird mit Zucker und nöthigem Salz aufgekocht und über Schwammklößchen gegossen. Man bestreut ebenfalls mit Zimmt.

Eiermilch.

Ein Pint kochende Milch gießt man über vier geschlagene Eidotter, die Milch wird mit Zucker und Salz gewürzt, das Weiße von den Eiern schlägt man zum Schaum, legt es nun wie Klöße auf die kochende Milch, bestreue dieses mit Zimmt und decke die Suppenschüssel rasch zu, damit der Schnee von der Hitze anzieht und nicht zerrinnt.

Haferschleim mit Apfel.

Eine Tasse Hafergrütze wird mit 2 Pint kaltem Wasser und ein wenig Salz zum Feuer gebracht und eine halbe Stunde langsam gekocht, nun wird es durch ein Sieb gerieben und wieder zum Feuer gebracht. Während dieser Zeit hat man zwölf gute Kochäpfel geschält und in Schnitze geschnitten, man legt sie in eine Puddingschüssel mit 2 Nelken, etwas Citronenschale, einen Löffel voll Butter, 2 Löffel voll Wasser und eine halbe Tasse Zucker, schließ die Schüssel gut zu und bringe in den heißen Ofen bis die Aepfel gedämpft sind, nehme die Gewürznelken davon, gebe die Aepfel zu dem kochenden Haferschleim, rühre die Suppe mit 2 Eidottern ab und richte sie über geröstetes Brot an.

Spargel-Suppe.

Schneide so viel Spargeln als nöthig sind, fein, laß sie im Wasser weich kochen. Nun setze so viel Milch auf das Feuer, wie man Suppe braucht, schäume die Spargeln aus dem Wasser in die Milch, gieb einen Löffel voll Butter dazu, rühre einen Löffel voll Mehl mit kalter Milch an, wenn es kochen will, rühre es dazu und laß es aufkochen, thue das nöthige Salz und Pfeffer dazu und richte es über gebackene Brotwürfelchen an.

Tomato-Suppe.

Man nimmt ein Quart Tomatoes und ein Quart Wasser, läßt sie gut durchkochen und gießt sie durch den Durchschlag, man setzt sie wieder auf das Feuer und rührt einen Theelöffel voll Soda in die kochenden Tomatoes, einen Löffel voll Butter und ein Quart Milch, das nöthige Salz und Pfeffer, läßt es aufkochen und die Suppe ist fertig. Diese Suppe ist gut für eine Abendgesellschaft, denn sie nimmt die Stelle von der Austernsuppe ein.

Gebrannte Mehlsuppe.

Zu allererst nimm 2 Eier in die Suppenschüssel mit dem nöthigen Salz und Pfeffer, schlage sie leicht und nun rühre so viel Wasser daran, als man Suppe will; dies macht genug für 4—5 Personen. Nun nimm einen Löffel voll Butter in eine große

Bratpfanne und bräune einen Löffel voll Mehl darin zu einem schönen Braun, nun rühre das Ei und Wasser daran und laß es unter fortwährendem Rühren zum Kochen kommen, und die Suppe ist fertig.

Eine schnell bereitete Brodsuppe.

Man nimmt einen Löffel voll Butter in die Bratpfanne und röstet Würfelchen von Brot schön gelb. Nun gießt man kochendes Wasser daran, thut das nöthige Salz und Pfeffer dazu und läßt es aufkochen. Nun hat man in der Suppenschüssel ein verrührtes Ei, man richtet die Suppe darüber an.

Zwiebel-Suppe.

Eine Zwiebelsuppe wird gerade wie die obige gemacht, nur bratet man eine feingehackte Zwiebel mit dem Brot und gießt ebenfalls kochendes Wasser daran, sowie das nöthige Salz und Pfeffer, läßt es nur aufkochen, man läßt das Ei weg.

Fleisch und Braten.

Im Kaufen des Fleisches ist es gut, wenn man gute Kenntnisse von gutem oder schlechtem Fleisch hat, es sollte deshalb von jeder Hausfrau erwartet werden, daß sie ein gutes Stück Fleisch zu kaufen versteht.

Rippen-Braten.

Die feinen Braten sind natürlich theuer und mehr für die Reichen bestimmt. Ein feiner Rippenbraten von 6—7 Pfund. Man reibt ihn gut ab mit einem reinen Tuch, belegt ihn oben mit Butter oder Nierenfett, man läßt den Backofen gut heiß werden, man begießt ihn öfters, und wenn halb fertig, giebt man erst das nöthige Salz und Pfeffer dazu und bestreut ihn mit Mehl. Ein solcher Braten braucht zwei Stunden zum fertig werden, das ist, wenn er inwendig noch ein wenig roh sein soll. Man legt den Braten auf einen heißen Fleischteller, gießt das Fett von der Sauce ab, rührt einen kleinen Löffel voll Mehl mit Wasser an und rührt es an die Sauce mit dem noch nöthigen Salz und Pfeffer und noch mehr kochendem Wasser. Man läßt es gut aufkochen und die Sauce ist fertig.

Auf die obige Weise werden alle feine Braten von Rindfleisch behandelt, eines ist zu beachten, ein kleiner Braten ist nicht zu empfehlen, denn er trocknet zu viel aus, er sollte wenigstens 5—6 Pfund schwer sein.

Schmorbraten.

Ein Ochsenschwanzstück von 4—5 Pfund wird mit kleinen Speckstreifen gespickt und in heißem Kochfett oder Butter auf allen Seiten schön braun gebraten; das Fleisch wird auf eine Schüssel gelegt, 2 große Zwiebeln und eine gelbe Rübe werden in kleine Stücke geschnitten, im Mehl umgewendet und in demselben Fett, in welchem der Braten war, unter fortwährendem Rühren braun gebraten, nun legt man das Fleisch wieder hinein, mit dem Saft einer Citrone, ein wenig Thymian, Majoran, Petersilie, 4 Lorbeerblätter, 3 Nelken, 1 Stück Muskatblüte, 10 schwarze Pfeffer, eine halbe Tasse guten Essig, Salz und die Kruste von etlichen Stücken Schwarzbrot, lasse es vier Stunden langsam schmoren, richte das Fleisch an, nimm das Fett von der Sauce, gieße dieselbe durch ein Sieb. Zu diesem Braten schmecken Kartoffelklöße gut.

Sauerbraten.

Man läßt sich vom Fleischer ein passendes Stück hierzu geben, von wenigstens 4—5 Pfund. Man nimmt ein Quart Essig, ein Quart Wasser, eine gelbe Rübe in kleine Stücke geschnitten, ebenfalls 2 Zwiebeln, fein geschnitten, ein wenig Thymian, Majoran, 4 Lorbeerblätter, Petersilie, 4 Nelken, einen kleinen Löffel voll schwarzen Pfeffer, das nöthige Salz; bringe dieses alles auf das Feuer, laß es gut aufkochen, nachdem es erkaltet, gieße es über den Braten, welchen man in eine tiefe Schüssel thun muß. Man läßt ihn 24 Stunden liegen. Man legt ihn aus dieser Beize zum Ablaufen. Dann belegt man den Boden der Bratpfanne mit Speckstückchen und mit einem Stück Butter, laß dieses schön gelb braten, gebe das Fleisch hirein und brate schön auf allen Seiten, bestreue mit Mehl und gebe so viel kochendes Wasser dazu, daß der Braten halb bedeckt ist, gebe ebenfalls ein wenig von der Beize mit den Gemüsen dazu, lasse den Braten fest zugedeckt 2 Stunden langsam schmoren, gieb den Braten auf eine heiße Schüssel. Man gießt die Sauce durch ein Sieb, nehme das Fett ab, gebe noch das nöthige Salz dazu und eine Tasse Rahm. Zu diesem Braten sollten Nudeln oder Kartoffelklöße gegeben werden.

Ein gewöhnliches Kochstück zu behandeln.

Ich möchte nur noch dieses sagen: Ein feiner Braten braucht nicht die Behandlung, die ein billigeres Stück Fleisch braucht. Es lohnt sich jedoch der Mühe, wenn man dem geringeren Stück die rechte Aufmerksamkeit schenkt, denn es wird in vielen Fällen besser sein, als das bessere Stück. Also zum gewöhnlichen Kochstück, sage 2—3 Pfund. Man legt Kochfett in die Kasserole mit zwei feingeschnittenen Zwiebeln, läßt das Fleisch auf beiden Seiten schön gelb braten. Nun gießt man kochendes Wasser daran, bis es halb bedeckt ist, giebt das nöthige Salz und Pfeffer dazu, deckt es fest zu und läßt es drei Stunden langsam kochen, wenn das Wasser einkocht, gießt man mehr nach. Wenn das Fleisch fertig ist, schöpft man das Fett ab und rührt einen Löffel voll Mehl mit Milch an und rührt es an die Sauce; auch kann man die schnell gemachten Klöse daran machen, die ich nachher angeben will.

Beefsteak-Roleten.

Nimm ein gutes round Steak, klopfe gut und schneide in etliche Zoll breite Streifen, belege diese Streifen mit kleinen Speckstückchen, Salz und Pfeffer, rolle sie auf und binde mit einer Schnur fest, thue Kochfett mit etlichen fein geschnittenen Zwiebeln in die Kasserole, laß die Röllchen in diesem schön gelb braten. Man kann während diesem sonst nichts anderes thun, denn wenn nur etliche Stückchen Zwiebel zu braun werden, so schmeckt das Ganze bitter. Nun gieße man so viel kochendes Wasser daran, daß die Röllchen halb bedeckt sind und laß sie eine Stunde langsam kochen, 10 Minuten, ehe man sie anrichtet, gieb eine halbe Tasse Tomatoes dazu und rühre einen kleinen Löffel voll Mehl mit Wasser an und gieb es dazu; wenn nöthig, gieße noch etwas kochendes Wasser dazu. Wenn noch 10 Minuten gekocht, nimm die Röllchen heraus und gieße die Sauce durch ein Sieb.

Beefsteak-Braten.

Nimm ebenfalls ein gutes round Steak. Klopfe nicht zu hart, mache eine gewöhnliche Fülle und breite es über das Steak, streue noch ein wenig Salz und Pfeffer darüber, rolle nun fest zusammen und binde fest mit einer Schnur, gieße etwas kochendes Wasser in die Backpfanne, lege das Stück Steak hinein, lege es auf etwas, so daß es nicht im Wasser liegt, belege oben mit Butter und begieße öfters, eine halbe Stunde macht es fertig, mache eine Sauce dazu und serbiere auf einer heißen Platte.

Hamburger Steak.

Laß dir vom Fleischer das fein gehackte Fleisch geben, hacke eine Zwiebel ganz fein und menge darunter, gieb das nöthige Salz und Pfeffer dazu, formire einen großen Pfannkuchen daraus, laß das Fett recht heiß werden in der Bratpfanne, brate gut durch und lege auf einen heißen Teller, gieße etwas Wasser in die Pfanne und gieße die Sauce darüber. Oder brate das Fleisch allein und dann die Zwiebel, lege die Zwiebel oben auf das Fleisch.

In die Sauce rühre einen Theelöffel voll Senf mit Essig an, laß es etliche male aufkochen und gieße über das Fleisch.

Kalbs-Braten.

Auch hier ist es wie mit dem Rindfleisch: Der feine Braten braucht die einfachste Behandlung. Ein Nierenbraten oder eine Kalbskeule werden mit einem reinen Tuche gut abgerieben, mit Salz und Pfeffer eingerieben, oben mit Butter belegt und mit Mehl bestreut und im Backofen gebraten. Nur ist beim Kalbfleisch das eine zu bemerken, der Ofen darf nicht so heiß sein wie zu einem anderen Braten, und hauptsächlich muß Kalbfleisch gut fertig gemacht sein. Es ist nichts dem Geschmack so zuwider, als ein halbgekochter Kalbsbraten.

Nun, die billigeren Stücke, wie Schulter und dergleichen, bratet man am besten auf dem Ofen. Man legt Butter oder Kochfett in die Kasserole, läßt das Fleisch schön gelb braten, giebt das nöthige Salz und Pfeffer daran und etwas kochendes Wasser. Man deckt es fest zu, wendet es von Zeit zu Zeit, und wenn es braten will, gießt man immer ein wenig kochendes Wasser daran, bis es fertig ist. Die Sauce richtet man gerade so an, ohne Mehl.

Kalbs-Brust.

Man läßt sich dieselbe beim Fleischer zurecht machen. Man macht die gewöhnliche Fülle mit 2 Aepfeln fein gehackt; dieses giebt dem Fleisch einen guten Geschmack. Um eine gute Brust zu erhalten, darf das Kalb nicht zu jung sein, man belegt sie oben mit Butter und backt sie langsam im Backofen, mit öfterem Begießen.

Kalbfleisch-Laibe.

Laß dir vom Fleischer entweder 2 Pfund gutes Kalbfleisch mit einem Viertelpfund gesalzenem Schweinefleisch fein hacken, oder drei Pfund Kalbfleisch mit einem halben Pfund Schweinefleisch. Rolle ein Dutzend Butter-Crackers fein, gieb das nöthige Salz und Pfeffer, sowie 2 Eier dazu, menge alles gut durcheinander, formire in Laibe. Das obige macht 2, lege in die Backpfanne, belege oben mit Butter und gieße nur ein wenig kochendes Wasser daran, begieße öfters. Sie brauchen ein wenig mehr als eine halbe Stunde zum fertig werden. Wenn sie fertig sind, muß das Wasser auch eingekocht sein. Dieses ist sehr gut kalt aufgeschnitten.

Geflügel aller Art.

Der Raum gestattet mir nicht, die einzelnen anzugeben, jedoch ein allgemeiner Wink muß genügen. Vor allem soll es jung und fett sein. Nachdem es gut gewaschen ist, wird es mit einem reinen Tuch gut auswendig wie inwendig abgetrocknet und dann gefüllt. Und nun die Fülle, die für alles paßt. Man nimmt altes Weißbrot, weicht es in lauwarmes Wasser, drückt es fest heraus und hackt es fein; wo man eine Zwiebel nimmt, hackt man sie ebenfalls fein. Man nimmt einen Löffel voll Butter in die Bratpfanne und läßt das Brot und Zwiebeln darin dämpfen. Nachdem es ein wenig abgekühlt, giebt man das übrige dazu, vor allem das nöthige Salz und Pfeffer, fein gehackte Aepfel oder Rosinen. Man mengt es gut mit etlichen Eiern und füllt irgend welches Geflügel oder Braten mit an. Auch kann man Austern in die Fülle oder ein wenig gehacktes Wurstfleisch hineinthun. Dies ist hauptsächlich gut im Truthahn oder Henne. Man hackt die Austern ein wenig und mengt sie in die Fülle; ein Pint für einen Truthahn. Oder kann man auch die Leber fein hacken und dazu thun. Gänse und Enten schmecken gut, wenn Aepfel in der Fülle sind. Währenddem das Geflügel im Backofen backt, nimmt man den Magen, das Herz und die Leber, und läßt es in einer kleinen Kasserole mit ein wenig Salz und Pfeffer weich kochen. Wenn das Geflügel fertig ist, hackt man den Magen und die Leber fein, giebt es mit dem Wasser, worin sie gekocht wurden, an die Sauce. Dieses giebt derselben einen sehr guten Geschmack.

Hühner-Pastete.

Nun, wie das folgende, kann aus allem Geflügel-, Tauben-, Hasen- oder anderem Fleisch, eine Pastete gemacht werden. Wenn die kleinen Hühner noch so theuer sind, kann man aus einem eine ziemliche Pastete herstellen. Man macht einen guten Teig, wie zu Biscuits, belegt die Seiten einer Backschüssel mit demselben, das Huhn bratet man und macht reichlich Milchsauce. Man kocht Kartoffel eben fertig, nun legt man Kartoffeln, dann das Huhn sofort, bis alles verbraucht ist. Darüber gieße man die Sauce. Nun legt man oben den Teig darüber mit einem Einschnitt und backt im Ofen. Auf diese Weise können nun alle Sorten Geflügel-Pie oder Fleisch-Pie gemacht werden.

Gekochtes Huhn mit Klöße.

Man schneidet ein Huhn, welches ein Jahr alt sein sollte, in Stücke, setzt es mit kochendem Wasser, Salz und Pfeffer, wenn nicht sehr fett, mit etwas Butter auf den Ofen, auch eine Muskatblüte darf man nicht vergessen. Man läßt es langsam weich kochen. Wenn fertig, nimmt man das Huhn heraus. Man muß reichlich Sauce haben. Wo man es hat, ist es gut, eine Tasse Rahm oder Milch daran zu thun. Man rührt ebenfalls einen Löffel voll Mehl mit Milch an und rührt es dazu in diese Sauce. Nun macht man die schnell gemachten Klöße, die ich unter den Klößen angeben will.

Andere Fleisch-Gerichte.

Schinken und Zungen.

Ein Schinken sollte, wo man es kann, gebacken werden, denn nur so behält er seine ganze Güte. Man wässert ihn etliche Stunden zuvor ein, macht einen Teig aus Mehl und Wasser, umwickelt ihn gut und backt ihn im Backofen. Es nimmt etliche Stunden. Wo man dieses nicht kann, setzt man ihn in reichlich kochendem Wasser auf und läßt ihn 3—4 Stunden langsam kochen. Man nimmt ihn vom Ofen und läßt ihn in der Brühe liegen, bis er kalt ist.

Ebenso eine geräucherte oder gesalzene Zunge. Nachdem sie gut gewaschen, legt man sie in reichlich kochendes Wasser, läßt sie ebenfalls drei bis vier Stunden langsam kochen. Man zieht die Haut ab und legt sie wieder zurück in die Brühe, bis kalt.

Das magere Fleisch am Schinkenknochen, das man nicht mehr schneiden kann, hackt man ganz fein, kocht etliche Eier hart, das Weiße von den Eiern hackt man ebenfalls fein und giebt es dazu, das Gelbe rührt man zum Brei mit etwas Senf, Pfeffer und Essig. Man mengt dieses in den gehackten Schinken. Dieses ist gut zwischen Butterbrot, hauptsächlich auch für Ausflüge ins Freie.

Hasen-Braten.

Man schneidet die Läufe ab, wascht alles gut in 3—4 Wassern. Man sollte zu diesem 2—3 Hasen haben. Die Läufe legt man in eine Beize mit Essig, Zwiebeln, Aepfeln, Lorbeerblättern, schwarzen Pfefferkörnern, deckt es fest zu; sie können etliche Tage stehen. Den Rumpf spickt man gut mit Speck, reibt ihn mit Salz und Pfeffer ein und backt ihn im Ofen mit öfterem Begießen. Wenn fertig, kann man etwas Rahm an die Sauce gießen mit einem kleinen Löffel voll Mehl angerührt. Man kann auch ohne den Rahm thun. Aus den Läufen macht man Hasenpfeffer. Man legt ein Stück Butter oder Kochfett in die Kasserole, läßt die Läufe darin schmoren, bis man Wasser nachgießen muß. Man gießt von der Beize von Zeit zu Zeit dazu, und läßt es so langsam eine

Stunde kochen. Nun rührt man einen Löffel voll Mehl an, rührt es an die Sauce und das Gelbe von 1—2 Eiern. Gebratener Hasen muß langsam gebraten werden, wenn es stark braten will, gießt man immer ein wenig kochendes Wasser nach.

Austern-Patties.

Man läßt sich die Patties beim Konditor backen, oder macht sie aus dem Mürbeteig, der mit den Pies angegeben ist, natürlich muß man die Formen haben. Nun nimmt man schöne Austern, kocht sie etliche Minuten in ihrer eigenen Brühe mit etwas Wasser dazu, indessen macht man eine Rahmsauce. Man setzt Rahm mit Milch in eine doppelte Kasserole, daß es nicht anbrennen kann. Man thut Salz, weißen Pfeffer, ein Stück Butter hinein. Wenn es kochen will, rührt man einen Löffel voll Mehl daran mit kalter Milch angerührt, man läßt es etliche Male aufkochen, und nun füllt man mit diesem die Patties an und giebt in jeder 2—3 Austern von den gekochten. Man setzt jedem Gast eines dieser Patties auf seinen Teller. Im Sommer kann man sweet breads nehmen. Nachdem sie gut gewaschen und das Häutige und Fette abgezogen ist, setzt man sie in kaltem Wasser auf. Wenn sie etliche Male aufgekocht haben, gießt man das Wasser ab und gießt frisches daran. Wenn sie weich gekocht sind, schneidet man sie in ganz kleine Würfelchen und läßt sie in der obigen Sauce aufkochen. Nun füllt man die Patties mit diesen an.

Gulasch Pfefferfleisch.

Zwei Pfund von der Haut befreiten Mürbebraten wird in kleine Würfel geschnitten. Dann nimmt man einen starken Löffel voll Butter in eine Kasserole, 2 feingeschnittene Zwiebeln, man läßt die Zwiebeln in der Butter braten, giebt das Fleisch, läßt es zugedeckt in dem eigenen Saft so lange dämpfen, bis der Saft kurz eingekocht ist. Dann bestreut man das Fleisch mit einem Löffel voll Mehl, Salz und Pfeffer, rüttelt alles gut durcheinander und läßt es gut durchziehen, gießt etwas Bratensauce oder Fleischbrühe daran und läßt es noch eine halbe Stunde dämpfen. Zu diesem gehört eigentlich noch der echte spanische Pfeffer, ist jedoch hierzulande nicht leicht zu bekommen.

Gemüse.

Nichts wird in der amerikanischen Küche mehr vernachlässigt gekocht, als die Gemüse. Man ist sich des Werthes und der Güte der verschiedenen Gemüse gar nicht bewußt. Im alten Vaterland versteht man den Werth der Gemüse, auch die Auswahl größer, hauptsächlich unter dem Kohl. Gut und schmackhaft gekochtes Gemüse würde hier zu Lande viel Fleisch ersparen, und es wäre der Gesundheit mehr förderlich als so vieles Fleisch. Die Hauptsache bei den frischen Gemüsen ist, daß man sie so frisch als möglich bekommt, sorgfältig und rein wascht und gut fertig kocht, hauptsächlich im Salzwasser gut abkocht, und dann je nach der Art der Gemüse oder des Kohls fein hackt und in Milchsauce oder Fleischbrühe fertig kocht.

Spargeln.

Spargeln werden im Salzwasser weich gekocht und entweder mit einer Milch- oder Rahm-Sauce, oder auch mit einer Mayonnaise-Sauce bedeckt.

Selleriewurzeln-Gemüse.

Man schält und schneidet die Wurzeln fein, auch das grüne, das daran sein mag, läßt sie weich kochen, giebt dann ein Stückchen Butter, etliche Schnitten Weißbrot fein geschnitten, Salz und Pfeffer und das Gelbe von 1—2 Eiern erst in kaltem Wasser verrührt, daran.

Blumenkohl.

Der Blumenkohl wird geputzt und 2 Stunden ins frische Wasser gelegt, dann in kochendes Salzwasser. Wenn weich, nimmt man ihn vorsichtig heraus, legt ihn in eine gewärmte Gemüseschüssel und macht folgende Sauce darüber: Man reibt 1 Löffel voll Mehl mit einem Löffel voll Butter glatt, gießt kochende Milch oder Bouillon darüber, Muskatnuß, Salz und Pfeffer, zuletzt das Gelbe von 2 Eiern. Man gieße diese Sauce über den Blumenkohl.

Gefüllte Zwiebeln.

Man nimmt zu diesem eine der großen weißen Zwiebeln, schneidet oben einen Deckel ab, höhlt das Inwendige heraus, mache eine Fülle aus gehacktem Wurstfleisch, Weißbrot, 1 Ei, Salz und Pfeffer, menge diese gut, fülle die Zwiebel mit an, setze den Deckel wieder auf und binde ihn fest zu. Nun nimmt Butter oder Kochfett in eine Kasserole, läßt die Zwiebel schön gelb braten, gießt kochendes Wasser daran, daß es halb bedeckt ist, läßt es eine Stunde langsam kochen; 10 Minuten vor dem Anrichten gießt man eine halbe Tasse Tomatoes daran, ein Theelöffel voll Mehl wird mit kaltem Wasser angerührt, setzt die Zwiebel in eine erwärmte Gemüseschüssel, gießt die Sauce durch ein Sieb und gießt es über die Zwiebel.

Gefüllter Krautkopf.

Man wässert ihn erst eine Zeit lang, nimmt zuerst alle die äußeren Blätter ab, schneidet oben einen Deckel ab, nimmt das Inwendige heraus, welches sehr vorsichtig geschehen muß, damit die äußeren Blätter noch gut zusammen halten. Nun macht man eine Fülle aus gehacktem Wurstfleisch, Weißbrot, 2 Eiern, Salz und Pfeffer, füllt den Krautkopf damit an, deckt den Deckel oben auf, setzt ihn eine Kasserole, wo er eben hinein geht, lege erst ein Stück Butter oder Kochfett hinein und 2 Tassen kochendes Wasser, mit etwas Salz und Pfeffer, läßt ihn in diesem weich dämpfen, was eine gute Stunde nimmt. Nun nimmt man den Kopf vorsichtig heraus und bringe ihn ganz auf den Tisch. An die Sauce kann man eine Tasse Rahm gießen.

Kartoffel=Gemüse.

Man setzt in einer flachen Kasserole ein Stück Schweinsrippe zur Hälfte mit Wasser bedeckt mit etwas Salz, läßt es langsam eine Stunde kochen, nimmt dann die Rippe heraus, belegt die Kasserole mit Kartoffelschnitzen, streut ein wenig Salz darüber, legt die Rippe darauf, die offene Seite nach oben, füllt die Höhlung mit Aepfelschnitze, giebt eine Tasse kochendes Wasser hinein, deckt es fest zu, läßt die Kartoffeln weich werden, dann legt man die Rippe mit den Aepfeln in eine Schüssel und garnirt mit den Kartoffeln.

Kartoffelbällchen.

Die Kartoffeln werden geschält, weich gekocht und ganz fein gestampft, mit dem nöthigen Salz, etlichen Eiern, einem Löffel voll Butter, ein wenig Milch, etwas Muskatnuß gut durchgerührt. Nun macht man runde Bällchen daraus, taucht sie in geriebenen Zwieback oder Crackers und backt sie in halb Butter und Kochfett gelb. Dieses macht eine wunderschöne Zugabe zum Fleisch oder auch für ein Abendessen.

Ein billiges und schmackhaftes Gericht.

Man läßt sich vom Fleischer billiges Rind=, Kalb= oder Hammelfleisch in viereckige Stücke schneiden, setzt es mit Salz und Pfeffer und nöthigem Wasser auf, läßt es eine Stunde langsam kochen, giebt nun die Zwiebeln, Wurzeln, Rüben in schöne Stückchen geschnitten dazu, läßt es kochen, bis sie weich sind. Nun giebt man die Kartofeln, in Schnitze geschnitten, dazu und kocht es, bis dieselben fertig sind. Dieses giebt ein kräftiges und gutes Essen und nimmt weniger Zeit als das viele Braten, auch kann man frisches oder gesalzenes Schweinefleisch dazu nehmen.

Gekochte Meerrettig Sauce zum Rindfleisch.

Der Meerrettig wird gerieben. Man setzt etwas Fleischbrühe auf, mit Butter, Salz, Muskatnuß und einem Theelöffel voll Zucker und Brosamen, läßt alles gut durchkochen und giebt zum Rindfleisch.

Sauce für Zungen.

2 Eßlöffel voll Mehl werden in Butter gebräunt, mit kochender Zungen- oder Fleischbrühe abgerührt; dazu giebt man eine Tasse Rosinen, den Saft einer Citrone, etwas guten Essig, Muskatblüte, etwas Zucker und Salz, die Zunge wird in Scheiben geschnitten, das Fleisch in Würfel, dieses in der Sauce gekocht, bis die Rosinen weich sind. Wenn man es hat, ist eine Messerspitze voll Fleischextrakt gut dazu.

Macaroni mit Käse.

Man weicht die Macaronis ein, kocht sie dann weich und läßt sie durch den Durchschlag laufen. Nun legt man eine Lage von den Macaronis in die Puddingschüssel, reibt Käse darüber oder schneidet ihn in kleinen Stückchen darüber, ebenfalls kleine Butterstückchen, Salz und Pfeffer. Man fährt so fort, bis alles verbraucht ist, bedeckt es mit Milch und backt im Ofen.

Käse-Souffle.

2 Eßlöffel voll Butter, 2 Eßlöffel voll Mehl zusammen gerieben, 1 gute halbe Tasse Milch, 1 halbe Tasse geriebenen Käse, das Gelbe von 3 Eiern, rühre gut zusammen, schlage das Weiße von den 3 Eiern zum Schaum, rühre schnell daran und backe im heißen Ofen. Dieses ist ausgezeichnet für eine Abendgesellschaft. Man giebt jedem Gast einen Löffel voll auf seinen Teller, auch für ein Abendessen. Man kann es am Mittag zubereiten, nur das Weiße von den Eiern läßt man, bis man es in den Ofen setzen will.

Salate.

Nichts ist so Appetit erregend und zugleich der Gesundheit so förderlich als der Salat. Man ist jetzt in der amerikanischen Küche dahinter gekommen und man macht jetzt aus allen möglichen Dingen Salat. Nun, wir haben so viele Sorten von Salaten, daß man immer eine Abwechslung haben kann. Der gewöhnliche Salat wird jetzt meist nur zur Unterlage gebraucht. Vor allem die Sauce, die zu allen Salaten gebraucht werden kann, ausgenommen Ackersalat oder Endivien. Zu diesem ist Salatöl oder ausgebratener Speck nöthig.

Mayonnaise-Sauce.

Man setzt den Essig mit dem nöthigen Salz, weißen Pfeffer, einem Stück Butter, einem Theelöffel voll Zucker auf das Feuer. Inzwischen hat man einen kleinen Löffel voll Mehl mit einem halben Theelöffel voll Senf, dem Gelben von 2—3 Eiern ganz glatt gerührt; sobald der Essig kochen will, gießt man ihn über dieses unter fortwährendem Rühren, setzt es auf den Ofen und fährt fort mit Rühren, bis es etlichemale aufkocht. Man läßt es abkühlen, ehe man es über den Salat gießt. Natürlich muß man sich mit dieser Sauce darnach richten, wie viel Salat man hat, für einen Hühnersalat nimmt es 5—6 Eier.

Eine andere Sauce.

Man nimmt das hartgesottene Gelbe von so vielen Eiern, wie nöthig, reibt es zum Brei, rührt tropfenweise Salatöl daran, giebt Salz und Pfeffer, sowie den nöthigen Essig, und wenn man es liebt, ein wenig Senf dazu.

Hühner-Salat.

Man kocht ein großes Huhn ganz, bis das Fleisch von den Knochen fallen will. Nun nimmt man es heraus, bis es ganz erkaltet ist. Dann schneidet man es in kleine Würfel, manche nehmen eine Scheere dazu, ebenfalls etliche Büschel Sellerie wird fein geschnitten, ein halbes Dutzend hartgesottene Eier fein gehackt und dazu gethan. Man giebt noch Salz und weißen Pfeffer dazu und eine klein wenig rothen Pfeffer; 15 Minuten, ehe man auftischen will, giebt man die erste Sauce, die oben angegeben, daran. Nun kann man das Weiße von den Eiern zum Schaum schlagen und an die Sauce rühren, oder noch besser, ein halbes oder ganzes Pint geschlagenen Rahm. Dieses macht es köstlich. Man legt einen Löffel voll von diesem auf etliche Salatblätter, zur Zierde kann man ein Büschel Petersilie oben auf stecken.

Salmon-Salat

Als erstes nimmt man Salat und legt ihn auf der Fleischschüssel herum, dann legt man den Salmon darauf, gießt von der ersten Sauce darüber, belegt es oben mit hartgesottenen, in Scheiben geschnittenen Eiern. Dieses sieht sehr schön aus und macht ein gutes Sonntag=Abendessen.

Tomato=Salat.

Man nimmt schöne, mittelgroße Tomatoes, brüht sie ab, schneidet sie oben ab und nimmt das Innere heraus, setzt sie in den Eisbehälter, bis man sie auftischen will. Nun setzt man einen auf etliche Salatblätter und füllt ihn voll mit der ersten Sauce.

Noch ein Salmon=Salat.

Man nimmt eine Kanne Salmon, liest die Gräte heraus und hackt es fein, entweder mit Kraut, einen Viertels=Kopf, oder Sellerie=Stangen; der Sellerie macht es am besten. Wenn Kraut gebraucht wird, hackt man es fein, mengt es fein mit dem Salmon und giebt die erste Sauce dazu, auch kann man etliche hartgesottene Eier fein gehackt dazu thun. Nimmt man den Sellerie, so wird es ebenfalls mit etlichen Gurken fein gehackt und ebenfalls hart gesottene Eier. Man giebt die erste Sauce darüber. Man setzt einen Löffel voll auf etliche Salatblätter, und als Zierde steckt man eine ganz kleine Gurke oben auf.

Kartoffel=Salat.

Der ganz altmodische ist meinem Gutdünken nach der allerbeste. Man schält die Kartoffeln ganz vorsichtig, so daß nichts schwarzes daran ist, denn es giebt einen bittern Geschmack. Man kocht sie in Salzwasser gut fertig, doch nicht zu weich. Wenn beinahe abgekühlt, schneidet man sie in dünne Scheiben, hackt etliche Zwiebeln ganz fein, schneidet fetten Speck in ganz kleine Würfelchen und bratet sie ganz vorsichtig schön gelb, legt nun die Würfelchen auf die Kartoffeln und Zwiebeln, zu dem ausgebratenen Fett, giebt noch einen großen Löffel voll Schweinefett dazu, gieße den Essig daran, giebt das nöthige Salz und Pfeffer, sowie ein klein wenig Zucker dazu und gieße über das Ganze, menge leicht mit einer silbernen oder hölzernen Gabel, und es wird ein köstlicher Salat sein. Viele nehmen die erste Sauce darüber, natürlich muß man sich nach dem Geschmack richten. Auch kann man statt Fett Salatöl nehmen.

Sellerie Salat.

Die Sellerie=Knollen werden gut gewaschen, in Salzwasser weich gekocht, geschält und in Scheiben geschnitten, mit Oel, Salz Pfeffer und Essig gemengt. Die Salatschüssel wird mit Sellerieblättchen garnirt.

Härings-Salat.

6 große Häringe werden gut ausgewässert, dann wird die Haut abgezogen und die Gräte herausgenommen. Das Fleisch wird fein geschnitten, mit vier Kartoffeln gekocht und fein geschnitten, etliche Gurken ebenfalls fein geschnitten, 4 hartgesottene Eier ebenfalls fein gehackt, etliche rothe Rüben gekocht und fein geschnitten. Die Sauce macht man wie folgt: 3 Eßlöffel voll Fleischbrühe, eine halbe Tasse guten Essig, 2 Eßlöffel voll Salatöl, etwas Salz und weißen Pfeffer, ein wenig rothen Pfeffer. Dieses alles wird gut gemengt. Beim Anrichten kann man den Salat noch garniren mit hartgesottenen Eiern, rothen Rüben und gehackter Petersilie.

Bohnen-Salat.

Junge, grüne Bohnen werden fein geschnitten, im Salzwasser abgekocht, auf den Durchschlag geleert, wenn kalt, mit fein gehackten Zwiebeln, Salz, Pfeffer, Oel und Essig gemengt.

Eier.

Nichts ist in der Küche so werthvoll, als gute, frische Eier. Sie können auf so viele verschiedene Weise zubereitet werden, daß man ihrer nie müde wird. Um Eier weich zu sieden, nimmt es 3 Minuten, hart zu kochen, 10 Minuten.

Rührei.

Man nimmt 4 Eier, etliche Löffel voll Milch, Salz und weißen Pfeffer, giebt ein Stück Butter in die Bratpfanne, sobald sie heiß ist, gießt man die Masse hinein und rührt es, bis es steif ist. Man richtet es auf geröstetem Brot an. In dieselben kann man auch fein geschnittenen Speck oder Zwieback thun.

Scalop-Eier.

Man benetzt Brosamen mit etwas Milch, lege eine Lage von diesem in die Puddingschüssel, welche man zuerst mit Butter bestreicht, schneide hart gesottene Eier in Scheiben und lege darauf herum, dann eine Lage von fein gehacktem Schinken, Kalbfleisch oder auch Hühnerfleisch, lege kleine Stückchen Butter, Salz und Pfeffer darüber; nun mache eine andere Lage und fahre so fort, bis alles verbraucht ist, das Obere müssen Brosamen sein, backe 8—10 Minuten. Man kann ein wenig Milch darüber gießen, ist jedoch nicht nöthig.

Gefüllte Eier.

Schneide hartgesottene Eier entzwei, nimm das Gelbe heraus, hacke mit etwas kaltem Kalbfleisch oder Hühnerfleisch, etliche Brosamen; hat man Bratensauce, giebt man etwas dazu, nicht, dann das Gelbe von einem ungekochten Ei, menge alles gut und fülle die Eier damit an, bringe die Hälften wieder zum Ganzen zusammen, rolle im Ei und Brosamen, bringe sie in einen Drahtkorb und backe im heißen Fett, serviere mit Tomatosauce.

Gebackene Omelette.

Rühre das Gelbe von 6 Eiern leicht, schlage das Weiße von 3 zum Schaum, 1 Eßlöffel voll Mehl, 1 Tasse Milch oder Rahm, laß einen Löffel voll Butter in der Backpfanne heiß werden, gieße das Obige hinein, schlage die übrigen 3 Eier zum Schaum, wenn dieses gebacken, streiche es darüber und laß es schön gelb backen.

Mehl-Speisen.

Es kann nicht zu viel zu ihrem Lob gesagt werden, nicht nur, weil, wenn sie gut gemacht sind, sie sehr wohlschmeckend sind, die Hauptsache jedoch ist das Nahrhafte, das sie enthalten. Sie sind ein großer Ersatz des Fleisches. Man hat so große Auswahl, hauptsächlich in der deutschen Küche, daß man immer eine gute Abwechslung haben kann.

Kartoffelklöße.

4 große Kartoffeln werden nicht zu weich gekocht. Wenn kalt, werden sie gerieben, etliche Wecke oder altes Weißbrot in kaltem Wasser eingeweicht, fest ausgedrückt, mit einer fein gehackten Zwiebel in Butter gedämpft, wenn etwas abgekühlt, wird Salz, Pfeffer, Muskatnuß daran gethan, etliche Löffel voll Mehl, das Gelbe von 4 Eiern, das Weiße zum Schaum geschlagen. Man mengt die Masse gut durcheinander, macht ziemlich große Klöße daraus, man probiert erst einen, wenn er nicht zusammenhält, muß noch mehr Mehl daran, man kocht sie in Salzwasser 10—15 Minuten. Sie können zu Sauerbraten oder auch Sauerkraut gegeben werden.

Brotklöse.

Man muß bei allen Klößen, zu welchen man Brot oder Wecke gebraucht, dasselbe in kaltem Wasser einweichen, im warmen wird es fest. Zu Brotklößen nimmt man altes Weißbrot, weicht es in kaltem Wasser ein, drückt es fest aus, hackt es ein wenig, wenn es giebt, fein gehacktes Suppengrün, auch etwas fein geschnittenen Speck kann man dazu thun, das nöthige Salz und Pfeffer, etwas geriebene Muskatnuß und etliche Eier, sowie 2 Eßlöffel voll Mehl. Nachdem alles gemengt, taucht man die Hände ins kalte Wasser, formirt die Klöße und legt sie auf einen Fleischteller und thunt sie auf einmal in das kochende Wasser, man läßt sie 10 Minuten kochen.

Cracker-Klößchen.

Man rollt Crackers fein, läßt einen Löffel voll Butter vergehen und thut dazu, ebenfalls Salz, Pfeffer und Muskatnuß und so viele Eier, daß man es zu kleinen Klößchen formiren kann, so groß wie ein Taubenei, sie brauchen 5 Minuten zum kochen.

Schnell gemachte Klöße.

Man muß sich mit diesen natürlich richten, wie viele man braucht. Für 4—5 Personen ist 2 Tassen Mehl, Salz, 1½ Theelöffel voll Backpulver, rühre das Salz und Backpulver in das Mehl, nimm 1 oder 2 Eier und genug Milch, um einen Teig zu machen, der so steif sein muß, daß er sich doch mit dem Löffel gut behandeln läßt. Man legt einen Löffel von diesem Teig zu einem Kloß, denn sie sollen groß sein. Sie sind am besten in Hühner- oder Fleischsauce, oder auch in getrockneter Frucht. Man kocht die Frucht gut weich, bräunt etwas Butter und Mehl und giebt an die Frucht mit dem nöthigen Zucker, Zimmt, und, wo man es hat, etwas Wein oder Apfelmost. Man hat reichlich Sauce und läßt die Klöße in der Sauce kochen, wenn sie 5 Minuten gekocht haben, dreht man sie schnell herum und kocht noch etliche Minuten.

Griesmehlklöße.

Diese können klein zu Suppen gemacht werden oder größer zum Gemüse. Man setze ein halbes Pint Milch und Wasser aufs Feuer, mit dem nöthigen Salz, einem halben Löffel voll Butter, etwas Muskatnuß; sobald die Milch und das Wasser kochen will, rührt man so viel Griesmehl hinein, bis es sich vom Geschirr losschält, wenn etwas abgekühlt, rühre 3—4 Eier daran, in die Suppe lege sie mit dem Theelöffel und zum Gemüse mit dem Eßlöffel.

Mandelklöße zum Obst.

Man rührt 2 Unzen Butter zum Schaum, 2 Eier und 2 Unzen fein geriebene Mandeln, etwas Zucker und fein geriebenen Zwieback, rührt alles zusammen und macht so fest, um kleine

Klößchen daraus zu machen, auch kann man, wenn man es hat, sauren Rahm dazu nehmen. Diese sind gut zu frischem oder getrocknetem Obst.

Gebackene Griesmehl-Klößchen.

Ein halbes Pint Milch und 1 Tasse Wasser, Salz und 1 Löffel voll Butter, Muskatnuß, wird auf das Feuer gebracht. Wenn es kochen will, wird so viel Griesmehl hineingerührt, bis es sich vom Geschirr los schält, wenn abgekühlt, werden 5—6 Eier hinein gerührt, man formirt längliche oder runde Klößchen daraus, taucht sie in Zwieback und backt sie in halb Butter und halb Fett. Man kann diese mit Milchsaucen und allen Sorten Früchten, getrockneten oder frischen, geben.

Leberklöße.

Eine halbe Kalbsleber wird abgehäutet, eine kurze Zeit ins frische Wasser gelegt, dann fein gehackt mit einem fein gehackten Büschel Suppengrün, oder einer feingehackten Zwiebel, dann wird etwas fein geschnittener Speck, 3—4 Eier, Salz, Pfeffer, Muskatnuß, eingeweichtes Weißbrot, etliche Löffel voll Mehl, alles gut gemengt zum steifen Teig, probirt man erst einen Kloß, wenn er zerfährt, muß mehr Mehl daran, man macht diese Klöße groß, kocht sie 15 Minuten im Salzwasser, sie müssen ganz leicht und schwammig sein, legt sie auf eine heiße Fleischplatte, bräunt Brosamen in Butter und giebt darüber.

Karthäuserklöße.

Milchwecke werden oben auf dem Reibeisen abgerieben und entzwei geschnitten. Zu 3—4 Milchwecken nehme man 3 Tassen Milch, 2 Eier, ein wenig Salz, etwas Zucker, Zimmt, man rührt dies alles gut durcheinander und läßt die Wecke 2—3 Stunden darin weichen, nun bestreut man sie mit den abgeriebenen Brosamen und backt sie in halb Fett und halb Butter. Dieses ist ebenfalls gut mit Obst aller Art.

Welschkorn-Klößchen.

Man nimmt halb Milch und Wasser, Salz, einen Löffel voll Butter, sobald es kochen will, rührt man so viel Kornmehl hinein, bis es sich vom Geschirr los schält, wenn abgekühlt, rühre man 3—4 Eier daran und backt es im heißen Fett. Diese machen ein gutes Abendessen mit Obst.

Kuchenmichel.

Ein Löffel voll Mehl wird mit Milch glatt gerührt, man giebt etwas Salz dazu, rührt 4 Eier daran, setzt eine Backpfanne mit einem Stück Butter in den Backofen bis ganz heiß, nun gießt man dieses hinein und läßt es schön gelb backen.

Brot.

Brot ist wohl das wichtigste von allen Nahrungsmitteln.

Es wird in unserer Zeit viel über das Brot geklagt. Ein Hauptfehler liegt natürlich im Mehl. Es soll so fein sein, und da wird zu viel vom süßen und nahrhaften Stoff herausgemahlen. Kartoffelhefe wurde immer als unentbehrlich für gutes Brot angesehen, jetzt meint man, man bekomme besseres Brot mit nur der Fleischmann's Hefe, ohne Vorteig. Für solches ist folgendes: 1 Quart warmes Wasser, 1 Cake Hefe im warmen Wasser aufgelöst, 2 Löffel Fett, 1 Theelöffel Soda, 2 Löffel voll Zucker, genug Mehl, um einen weichen Teig zu machen und eine Hand voll Salz, laß das Fett im warmen Wasser schmelzen, menge das Ganze zu einem weichen Teig, im Winter kann er über Nacht stehen, wenn gegangen, mache zum steifen Teig, arbeite denselben wenigstens 20 Minuten, decke gut zu und stelle an einen warmen Ort, bis er wieder gut gegangen, nun mache in Laibe und laß nochmals gehen, streiche oben mit Fett und backe im mäßig heißen Ofen eine Stunde, wische mit kaltem Wasser ab und decke zu, sobald es aus dem Ofen kommt.

Etliche Allgemeine Winke.

Wenn sehr kalt, setze die Schüssel, worin der Teig ist, in ein größeres Geschirr, in welchem warmes Wasser ist, halte es warm, es wird viel helfen zum schnellen Gehen. Auch ist hier eine altmodische Art wie Brot zu backen, hauptsächlich, wenn man den Hopfengeschmack liebt. Man läßt immer von dem Brotteig ein Stück so groß wie ein Biscuit zurück, im Sommer zieht man den Teig auf einen Teller und läßt ihn trocknen, im Winter thut man ihn in einen Napf und setzt ihn im Keller zugedeckt. Einen Tag vorher, ehe man backen will, kocht man eine kleine Hand voll Hopfen, brüht etliche Löffel voll Mehl an, in welches man 1 Löffel voll Zucker und Salz thun kann, rührt es gut, wenn noch lauwarm, rührt man den Sauerteig hinein und läßt es über Nacht gut gehen. Den nächsten Morgen kann man den Teig gleich steif machen, thut das nöthige Salz und etwas Fett dazu, arbeitet es gut, wenn gut gegangen, macht man Laibe und läßt nochmals gehen.

Graham-Brot.

In diesem Mehl ist wirklich die Kraft und Güte, die aus dem weißen Mehl herausgemahlen wurde. Es ist in jedem Haushalt sehr zu empfehlen. Man nimmt von dem Vorteig, sage so viel als ein Quart, giebt 2 Löffel voll New Orleans Molasses und 1 Löffel voll Fett dazu und genug Graham-Mehl, um einen weichen Teig zu machen. Es braucht nicht viel Arbeitens. Man läßt es gehen und macht es dann in Laibe und läßt es abermals gehen, backe im mäßig heißen Ofen.

Graham Muffins.

3 Tassen Grahammehl, 1 Tasse weißes Mehl, 1 Löffel voll Schmalz, 1 Löffel voll Molasses, Salz, 3 Theelöffel voll Backpulver, mache zu einem weichen Teig, bringe in die Formen und backe. Die eisernen Formen sind am besten für diese.

Boston Braunes Brod.

Setze einen Vorteig wie zu dem gewöhnlichen Brot. Es sollte wenigstens 3 Pint sein mit 2 Löffel voll braunem Zucker, rühre den Vorteig ganz leicht, wenn gut gegangen, gieb ein Quart Roggenmehl, 2 Quart Kornmehl, 1 Löffel voll Salz, 1 Theelöffel voll Soda, eine halbe Tasse Molasses, arbeite gut und laß es dann 5—6 Stunden gehen, nun mache Laibe und lasse nochmals gehen und backe, etliche Stunden nimmt es, denn es muß ganz langsam backen.

Boston Braunes Brot anderer Art.

1 Pint Roggenmehl, 1 Quart Kornmehl, 1 Tasse Grahammehl, 1 halbe Tasse Molasses oder braunen Zucker, 1 Theelöffel voll Salz, 1 Tasse gute heimgemachte Hefe, rühre den Teig so steif als möglich mit einem Löffel, nimm warmes dazu, laß es etliche Stunden gehen, oder über Nacht, am Morgen rühre 1 Theelöffel voll Soda mit Wasser an und bringe es dazu, dann bestreiche eine tiefe Schüssel mit Fett und gieße es hinein, oder etliche tiefe Brotpfannen, rühre den Teig ganz leicht und gieße in die Brotpfannen, laß nochmals gehen und backe 3—4 Stunden.

Kaffee-Kuchen.

Man wärmt erst das Mehl, nimmt es in die Backschüssel, macht ein Loch in die Mitte, thut einen Löffel voll Salz hinein und Yeast, nachdem man will, kann man 2 Cakes Fleischmann's Yeast in warmem Wasser aufweichen, oder man kann aus einem Cake Tags zuvor einen Vorteig machen. Man nimmt etwas von der Milch, um die Butter und das Fett darin vergehen zu lassen, man nmmt von beiden 1 starken Kochlöffel voll, gießt die kalte Milch dazu. Es sollte im Ganzen ein Quart sein. Man rührt dieses in der Vertiefung ganz leicht, bestreut es oben mit Mehl, deckt es warm zu und setzt es an einen warmen Ort. Nachdem es gegangen, thut man 2 Tassen Zucker und 2 Eier dazu, auch die geriebene Schale und Saft einer Citrone, man arbeitet den Teig, bis er sich von den Händen schält, deckt ihn wieder zu und läßt ihn nochmals gehen. Nun kann man jede beliebigen Formen daraus backen, auch die bekannten Birnwecke. Zum Apfelkuchen wird er als Unterlage gebraucht, man kann die gewöhnlichen Kaffeekuchen daraus machen oder was man will. Die Hauptsache ist, daß der Teig mürbe und leicht ist.

Frucht-Kuchen.

Der obige Kaffeekuchen kann zu diesem als Unterlage gebraucht werden oder ein guter Pieteig, oder kann man einen einfachen und steifen Caketeig machen, wie zu den gewöhnlichen Cakes. Es ist gut, wenn man erst etwas geriebenen Zwieback auf den Teig streut. Frucht, irgend welche Sorte, getrocknet oder frisch, kann man zu diesem Kuchen brauchen. Man legt sie schön herum, giebt den nöthigen Zucker dazu, dann als Uebergaß nimmt man sauren Rahm mit dem Gelben von etlichen Eiern. Man muß sich natürlich nach der Quantität, die man hat, richten, oben auf dieses streut man geriebene Cookies mit Zucker vermengt. Dieses ist ein feiner Kuchen.

Leichte Rolls für Abendgesellschaft.

Morgens setzt man einen Vorteig mit einem Cake Yeast, Salz, 1 Löffel Butter und Fett in der Milch vergangen, macht eine Vertiefung in das Mehl und rührt dieses mit der warmen Milch zu einem Vorteig. Nachdem es gut gegangen, giebt man 1 Tasse Zucker und 1 Ei dazu, macht einen weichen Teig, schlägt ihn, bis er sich von den Händen schält, deckt ihn warm zu, und so oft er in die Höhe kommt, arbeitet man ihn wieder hinunter, bis es Zeit ist, sie auszumachen. Man kann sie in beliebige Formen machen, kleine Rolls oder in Form eines Pocketbook, man rollt sie rund aus, bestreicht mit Butter und legt die Hälfte über, man läßt sie nochmals gehen und bestreicht sie vor dem Backen mit Butter oder dem Gelben von 1 Ei, mit Rahm oder Milch verrührt.

Muffins, gut für Abendgesellschaft.

1 Pint süße Milch, 1 Theelöffel voll Zucker, 1 Theelöffel voll Salz, 1 Eßlöffel voll Butter, eine halbe Tasse Yeast, mache aus diesem einen weichen Teig, die Butter läßt man in der Milch ver-

gehen, wenn leicht, rühre 2 gut geschlagene Eier und einen halben Theelöffel voll Soda, in warmem Wasser aufgelöst, daran, läßt es etliche Stunden gehen, dann bestreiche die Muffinformen mit Fett, fülle halb voll und backe in ziemlich heißem Ofen.

Waffeln.

1 Quart Mehl mit 3 Theelöffeln voll Backpulver, 1 Theelöffel Salz, 1 Eßlöffel Zucker, 1 Eßlöffel Butter und 6 gut geschlagene Eier, 1 Pint frische Milch, schlage alles ganz leicht und backe in Waffeleisen.

Reis-Waffeln.

Koche ein halbes Pfund Reis in Milch ganz weich, nimm vom Feuer und rühre stark, gieb ein wenig von dem Folgenden auf einmal dazu: 1 Quart Mehl, 5 gut geschlagene Eier, $\frac{1}{2}$ Pfund vergangene Butter, 2 Eßlöffel voll Yeast, ein wenig Salz, 1 Tasse warme Milch, stelle den Teig an einen warmen Ort, wenn gegangen, backe die gewöhnliche Art.

Waffeln mit saurem Rahm.

1 Tasse Rahm, 6 gut geschlagene Eier, $\frac{1}{2}$ Theelöffel voll Soda in warmem Wasser aufgelöst, etwas geriebene Muskatblüte, man rührt alles gut unbleicht und backt so fort.

Schwäbischer Guckelhopfen.

Man nimmt eine Tasse Mehl mit einem Cake Fleischmann's Yeast und macht mit warmer Milch einen Vorteig, stellt ihn an einen warmen Ort, wenn gegangen, nimmt man $\frac{1}{2}$ Pfund Butter und 1 Tasse Zucker, rührt es zum Schaum, dann schlägt man 7 Eier in den Teig und rührt eine halbe Stunde, thut den Vorteig dazu, nimmt etwas Citronenschale, bringt den Teig in eine Form, läßt ihn gehen und backt ihn eine Stunde.

Anis-Schnitten.

Man nimmt $\frac{1}{2}$ Pfund granulated Zucker, 8 Eier, rührt dieses eine halbe Stunde, dann nimmt man $\frac{1}{2}$ Pfund Mehl, reibt 1 Theelöffel voll Backpulver und Anis nach Gutdünken hinein, rührt alles gut zusammen, backt in kleinen Laibchen in einem mäßig warmen Ofen, wenn abgekühlt, schneidet man in Schnitten und läßt sie im Ofen gelb rösten. Dieses kann man lange halten und ist ausgezeichnet für Kranke. .

Birnenwecken.

Man nimmt von dem Kaffeekuchenteig so viel, um einen Teig so groß auszurollen, wie man die gewöhnlichen Nudelteige ausrollt, nun belegt man ½ Zoll dick, mit irgend etwas. Für's erste, man kann getrocknete Birnen nehmen, mit großen und kleinen Rosinen, gehackte Hickorynüsse, etwas Jelly oder Eingemachtes, 1 Glas Wein, wo man es hat, die Birnen werden, nachdem sie gekocht sind, fein gehackt, diese Fülle muß so dick sein wie zu Mincepie, man bestreut den Boden des Teiges mit fein gerollten Cookies oder Crackers, faltet zweimal übereinander, läßt es noch eine Weile gehen, bestreicht oben mit dem Gelben von 1 Ei, mit Milch oder Rahm verrührt, statt den Birnen kann man irgend welche getrocknete Frucht nehmen, oder irgend welche zum Mus gekochte Frucht, man backt es langsam, daß es gut durchbackt, man kann es eine Woche und länger halten. Vor jedem Gebrauch wärmt man so eine Rolle auf.

Pies.

Auch zu diesem erlaubt der Raum nicht, ausführlich die verschiedenen Sorten anzuführen. Doch das Folgende wird hinreichend sein, daß man gute Pies machen kann. Man reibt das Salz und Fett in das Mehl, benetzt mit Eiswasser oder so kaltem Wasser, wie man es haben kann. Der Teig wird leicht bearbeitet und so dünn als möglich ausgerollt. Wo man Früchte braucht, streut man den Boden erst mit Mehl, daß der Saft nicht in die Kruste zieht.

Ein feiner Kirschenpie.

Dieser ist aus eingemachten Kirschen, welche gut süß sein müssen. Man belegt die Kruste ziemlich dick damit und backt, wenn fertig, hat man das Weiße vom Ei zum Schaum geschlagen mit Zucker, man breitet es darüber und läßt es zum schönen Braun backen, man muß sich mit den Eiern nach der Zahl der Pies richten. Das Weiße von 2 Eiern rechnet man zu einem Pie.

Apfel-Custard Pie.

3 Tassen gekochte Aepfel, 1 Tasse Zucker, 6 Eier, 1 Quart Milch, mache die gekochten Aepfel ziemlich süß, schlage die Eier leicht, menge alles gut, gieb ein wenig Muskatnuß daran, backe ohne obere Kruste.

Citronen=Rahm Pie.

1 Tasse Zucker, 1 Eßlöffel voll Butter, 2 Eier, 1 Citrone, Saft und abgeriebene Schale einer Citrone, 1 Tasse kochendes Wasser, 1 Eßlöffel voll Kornstärke in kaltem Wasser aufgelöst, rühre die Stärke in das kochende Wasser, schlage Butter und Zucker zum Schaum, gieße es über die Kornstärke, wenn kalt, gieb die Citrone und das Gelbe von den Eiern dazu, schlage das Weiße von den Eiern mit etlichen Löffeln feinem Zucker zum Schaum, dieses macht genug für einen Pie. Man backt ihn ohne obere Kruste. Wenn der Pie fertig ist, streicht man das Weiße von den Eiern oben auf und backt schön gelb.

Mürbeteig für feinen Pie.

1 Pfund Mehl, ¾ Pfund Butter, das Gelbe von 1 Ei, Eiswasser, hacke zwei Drittel von der Butter in das Mehl, rühre das Gelbe von dem Ei ins Eiswasser, schaffe das Mehl zu einem steifen Teig, rolle dünn aus und belege mit der übrigen Butter, lege übereinander und rolle wieder aus, thue dies etliche Male, setze es an einen kalten Platz, dieser Teig ist auch gut für Auster=Patties.

Ginger=Brot.

1 Tasse Butter, 1 Tasse Molasses, 1 Tasse Zucker, 1 Tasse saure oder Buttermilch, 1 Theelöffel voll Soda in kochendem Wasser aufgelöst, 1 Eßlöffel voll Ginger, 1 Theelöffel voll Zimmt, 2 Eier und ungefähr 5 Tassen Mehl, rühre Butter, Zucker, Molasses zum Rahm, gieb das Gewürz, schlage die Eier leicht, menge alles gut, gieb den Soda dazu. Der Teig darf ein wenig steifer sein als gewönlicher Cakteig, backe nicht zu schnell.

Ginger=Fruchtbrot.

2 Pfund Mehl, ¾ Pfund Butter, 1 Pfund Zucker, 1 Pfund Rosinen, die Körner herausgenommen, fein gehackt, 1 Pfund kleine Rosinen, gut gewaschen, 2 Tassen Molasses, ½ Tasse sauren Rahm, 6 Eier, 1 großer Theelöffel voll Soda in heißem Wasser aufgelöst, 2 Eßlöffel voll Ginger, 1 Theelöffel voll Zimmt, Zucker, Molasses, gut zusammen, schlage das Gelbe von den Eiern und gieb dazu, nun den Rahm und das Gewürz, dann den Soda, Mehl und das Weiße von den Eiern, zuletzt die Frucht, welche man erst gut mit Mehl bestreut, backe in weiten Pfannen, im mäßig warmen Ofen. Dieses hält sich lange.

Cakes.

Hickorynuß Cake.

2 Taſſen Zucker, 2 Drittheil=Taſſe Butter, 1 Taſſe Milch, 3 Eier, 3 Taſſen Mehl, 2 Theelöffel voll Backpulver, 1 Taſſe Nuß= kern, fein gehackt.

Billiger Cake.

½ Taſſe Butter, 1½ Taſſen Zucker, 1 Taſſe ſüße Milch, 1 Ei, 2 Theelöffel voll Backpulver, 1 Taſſe fein gehackte Roſinen.

Sponge Cake.

3 Eier, 1½ Taſſen feinen Zucker, 2 Taſſen Zucker, 2 Theelöf= fel Backpulver, ½ Taſſe Waſſer, die abgeriebene Schale und den Saft einer Citrone.

Schnee=Cake.

½ Taſſe Butter, 1 Taſſe Zucker, 1½ Taſſen Mehl, ½ Taſſe Milch, das Weiße von 4 Eiern, 1 Theelöffel voll Backpulver, et= was Extrakt nach Belieben.

Weißer Cake.

1 Taſſe Butter, 2 Taſſen Zucker, 1 Taſſe Milch, 3 Taſſen Mehl, das Weiße von 5 Eiern, 2 Theelöffel voll Backpulver, leicht gemacht und ſehr gut.

Pfirſich=Cake.

Backe drei Lagen Sponge=Cake wie für einen Jelly=Cake, nimm geſchlagenen Rahm, welcher ſüß gemacht iſt, lege die Pfir= ſiche zwiſchen die Lagen, bedecke mit dem Rahm, gieße von dem= ſelben auf den Cake. Dieſes kann auch aus Erdbeeren gemacht werden.

Citronen=Jelly Cake.

1½ Taſſen Zucker, ½ Taſſe Butter, zu einem Rahm geſchla= gen, ¾ Taſſe Milch, 2½ Taſſen Mehl, 3 Eier, 2 Theelöffel voll Backpulver, backe in Jellypfannen. Zum Jelly nimm 1 Taſſe Zucker, 1 Ei, die abgeriebene Schale und den Saft einer Citrone, 1 Eßlöffel voll Waſſer, 1 Eßlöffel voll Mehl, laß es auf dem Ofen kochen, wenn kalt, ſtreiche zwiſchen die Lagen.

Delicater Thee-Cake.

Das Weiße von 3 Eiern, zum Schaum geschlagen, 1 Tasse feinen Zucker, ¼ Tasse Milch, 2 Theelöffel Backpulver, 2 Tassen Mehl, ⅓ Tasse Kornstärke, 1 Theelöffel voll gestoßene Mandeln, ½ Tasse Butter.

Chocolate-Ueberguß für Cake.

Einen halben Cake Chokolade, fein gerieben, zwei Drittels Tasse Zucker, ½ Tasse Milch oder Rahm, laß es kochen, bis es wie Rahm wird.

Iceing für Cake.

Schlage das Weiße von einem Ei zum Schaum, rühre pulverisirten Zucker hinein, bis steif, wenn man es auf den Cake bringt, tauche das Messer in heißes Wasser, gieb irgend welchen beliebigen Extrakt in den Ueberguß.

Billiger Frucht-Cake.

1 Tasse Butter, 1 Tasse braunen Zucker, ½ Pint Molasses, 2 Eier, 1 Tasse saure Milch oder sauren Rahm, 2 Theelöffel voll Backpulver, 1 Pfund Mehl, 1 Pfund kleine Rosinen, Extrakt nach Geschmack.

Reicher Frucht-Cake.

1 Pfund Butter, 9 Eier, 1½ Pfund Zucker, ½ halb Pfund fein gehackte Mandeln, 1¼ Pfund Rosinen, 1¼ Pfund kleine Rosinen, ¾ Pfund Citronat, 1¼ Pfund Mehl, 1 Unze Zimmt, ein wenig Salz, ein wenig Pfeffer, ¼ Unze Nelken, 1 Theelöffel all Spices, die Schale einer Citrone, ¼ Pint Brandy, backe 1½ Stunden in mäßigem Ofen.

ANGEL FOOD CAKE.

1 Tasse Mehl, 1½ Tassen pulverisirten Zucker, 1 Tasse voll von weißem von Eiern, 1 Theelöffel voll Cream of Tartar, 1 Theelöffel voll Vanille, schlage das Weiße vom Ei zum Schaum, schlage den Zucker hinein, das Mehl mit dem Cream of Tartar, siebe 5—6 mal, menge das Mehl ganz leicht in den Zucker und in einer besonders dazu gehaltenen Pfanne backe in nur gelindem Ofen.

Ein guter Erdbeeren-Cake.

1 Tasse Zucker, 1 Eßlöffel voll Butter, 3 Eier, 2 Tassen Mehl, ½ Tasse Milch, 2 Theelöffel voll Backpulver, schlage Butter und Zucker zum Schaum, gieb die leicht geschlagenen Eier dazu,

rühre Mehl, Backpulver und Milch daran, backe in Jelly-Pfannen, dieses macht 3—4 Pfannen voll, nehme 3 Pint Erdbeeren, menge 1 Tasse Zucker daran, zerdrücke die Beeren ein wenig, breite zwischen die Lagen. Schöne große Beeren können umher gelegt werden zur Zierde.

Mandel-Cookies.

1 Tasse Butter, 2 Tassen Zucker, 1 Theelöffel voll Soda, in heißem Wasser aufgelöst, 2 Eier, Mehl, um einen weichen Teig zu machen, gieb Mandel-Extrakt daran, nachdem die Cookies ausgeschnitten, menge Zucker und Zimmt in das Weiße von einem Ei, gieb ein wenig davon in die Mitte eines jeden Cookies, lege 2 Hälften von Mandeln oben auf, backe in nicht zu heißem Ofen.

Rahm-Cookies.

2 Tassen Zucker, 2 Eier, 1 Tasse sauren Rahm, 1 Tasse Butter, 1 Theelöffel voll Soda, 1 Theelöffel voll Citronen-Extrakt oder Muskatnuß. Mehl genug, um einen weichen Teig zu machen.

Sand-Torte.

2 Tassen Zucker, 1 Tasse Butter, 3 Tassen Mehl, 2 Eier, laß das Weiße von einem zurück, menge gut und rolle dünn aus, schneide mit dem Messer in viereckige Stücke, bestreiche mit dem Weißen vom Ei, streue Zucker und Zimmt darüber und lege eine Mandel in die Mitte.

Mandel-Küchelchen.

½ Pfund feines Mehl, 1 Pfund feinen Zucker, 4 Eier, 2 Unzen Butter, 2 Unzen geriebene Mandeln, die Schale einer Citrone, man rührt die Butter zum Schaum, giebt nach und nach Eier, Zucker, Gewürz und Mandeln dazu, rührt es eine Viertelstunde, man belegt die Backpfanne mit Papier, legt einen Theelöffel für ein Küchlein und backt in mäßig warmen Ofen. Man reibt einen halben Theelöffel voll Backpulver in das Mehl.

Nachtisch.

Nichts ist mehr geeignet zum Nachtisch als Frucht, sei diese nun frisch, eingemacht oder getrocknet. Erstens ist es leicht zubereitet und auch sehr gesund, hauptsächlich Aepfel. Wir können demselben nicht genug Ehre widerfahren lassen.

Apfel-Custard.

1 Pint Apfelmuß, 1 Pint süße Milch, 4 Eier, 1 Tasse Zucker und 1 Theelöffel voll Vanille, backe langsam.

Apfel-Schnee.

Schäle und koche 6 gute Kochäpfel in so wenig Wasser wie möglich, wenn weich, reibe durch den Durchschlag und schlage ganz leicht, ebenfalls schlage das Weiße von 3 Eiern zum Schaum, gieb Zucker nach Geschmack, schlage, bis es einer Schüssel voll Schnee ähnlich sieht, gieb einen Theelöffel voll Vanilla daran und servire mit Rahm.

Apfel-Küchlein.

Man macht einen Teig mit etwas Mehl, Milch, Salz und etlichen Eiern, schält und schneidet gute Kochäpfel in Scheiben, taucht sie in diesen Teig und backt im heißen Fett und streut Zucker darüber.

Mandel-Custard.

¼ Pfund Mandeln, fein gestoßen oder gehackt, ½ Tasse Zucker, 1 Pint Milch, 2 Löffel voll Rosenwasser oder Vanille, das Gelbe von 4 Eiern, menge alles zusammen und rühre auf dem Ofen, bis es zu Rahm wird, gieße in eine Schüssel, schlage das Weiße von den Eiern zum Schaum mit feinem Zucker, thue dieses oben auf.

Orange-Custard.

Schäle und schneide 6 Orangen in Stücke, lege in eine Schüssel mit Zucker dazwischen gestreut, laß sie etliche Stunden stehen, nun mache einen Custard aus einem Pint Milch und das Gelbe von 3 Eiern, 2 Eßlöffel voll Zucker, gieße über die Orangen, wenn etwas abgekühlt, schlage das Weiße von den Eiern zum Schaum mit feinem Zucker und bringe oben auf.

Zwetschgen-Rahm.

Man kocht ¾ Pfund Zwetschgen, nimmt die Steine heraus und macht so süß, wie wenn man sie kocht, wenn ganz kalt, giebt man das Weiße von 4 Eiern zum Schaum geschlagen dazu, bringe in die Puddingschüssel und backe 15—20 Minuten, wenn kalt, gieb guten Rahm dazu.

Himbeeren=Custard.

Lege in eine Schüssel geschnittene Sponge=Cakes, befeuchte mit etwas Rahm, dann bedecke mit reifen, rothen Himbeeren, Pfirsiche sind eben so gut, mache die Schüssel zwei Drittel voll. Nun mache einen Custard aus einem Quart Milch, 4 Eiern und 1 Tasse Zucker, man nimmt nun das Gelbe von den Eiern, wenn dieser Custard ein wenig abgekühlt ist, gießt man es über das in der Schüssel, das Weiße von den Eiern schlägt an zum Schaum mit feinem Zucker und bringt es oben auf, man kann es oben noch garniren mit Beeren oder Stückchen Jelly.

Erdbeeren=Tarts.

Nimm den Mürbeteig und fülle kleine Tartpfännchen mit an, fülle mit gekochten Erdbeeren, rühre einen Theelöffel voll Kornstärke mit kalter Milch an, hinein, eine halbe Tasse Milch, das Weiße von 2 Eiern, zum Schaum geschlagen, 2 Eßlöffel voll Zucker, laß dieses auf dem Ofen etliche Male aufkochen, wenn kalt, gieb eine halbe Tasse Rahm dazu und fülle in die Tarts, welche natürlich erst gebacken sein müssen.

Vom Einmachen der Früchte.

Nur die frische und vollkommene Frucht sollte zum Einma=chen benutzt werden, bei schlechter Frucht ist es immer bedenklich, ob sie sich hält und dann kann man doch mit nichts den frischen Geschmack ersetzen. Man nimmt die zweifelhafte Frucht lieber zu Mus, das ja sehr gut in einer Familie zu verwenden ist, haupt=sächlich da, wo Kinder sind. Also die beste und schönste Frucht wird zum Einmachen genommen. Man thut solches sehr sorg=fältig, schält sie schön, macht einen guten Shrup, läßt sie je nach ihrer Art nur aufkochen, Birnen und dergleichen muß man weich kochen. Man sieht, daß die Gläser gut verschlossen sind, umwickelt sie mit Papier und setzt sie im Keller in einen dunklen Schrank, oder noch besser ist, man hebt die Papiersäcke auf, zieht sie wie eine Kappe über die Gläser und schreibt mit großer Schrift dar=auf, was es ist. Wo man keinen Schrank im Keller hat, bringt man es in eine Kiste und deckt sie mit etwas zu.

Erdbeeren sind am schlimmsten einzumachen, denn sie verlie=ren ihre Farbe sogleich. Man kocht aus granulated Zucker einen guten Syrup, legt die Beeren hinein, wenn sie aufgekocht, füllt man sie in die Gläser und macht sie nur leicht zu, den Syrup läßt man nun dick einkochen, gießt den dünnen Syrup von den Beeren und füllt mit dem dicken auf, man macht nun fest zu und verfährt, wie oben angegeben. Den Syrup, den man von den Beeren gegossen, kocht man ein und füllt in Flaschen, bei denen man den Kork mit Wachs überstreicht, man kann alle diese übrigen Fruchtsäfte mit Zucker einkochen und in Flaschen füllen, sie kommen sehr gut zu Puddingsauce, oder Gefrorenem, oder auch zu Getränken im Sommer, welche ins Wasser gethan werden.

Kirschen-Kompote.

Die sauren Kirschen sind am besten für dieses. Man nimmt 1 Pfund Frucht zu ¾ Pfund Zucker, die Steine nmmt man aus den Kirschen, menge den Zucker in dieselben, laß es eine Stunde stehen. Nun setze es auf den Ofen, laß die Kirschen 20 Minuten kochen, nimm sie heraus und laß den Syrup einkochen, nun thue die Kirschen wieder hinein und koche noch ein wenig, bringe in Einmachgläser und siegle fest zu.

Pfirsich-Kompote.

Nimm schöne frische Pfirsiche, schäle sie und nimm die Steine heraus und koche welche im Wasser ab, um an das Preserv zu thun, nimm 1 Pfund Frucht und ¾ Pfund Zucker, koche den Zucker mit dem Wasser, worin die Steine gekocht wurden, schäume gut ab, lege die Frucht hinein und koche, bis sie schön durchsichtig ist, fülle in die Einmachgläser und koche den Saft gut ein, die Gläser dürfen mit der Frucht nur ¾ voll gefüllt werden, wenn der Saft eingekocht ist, fülle voll und siegle zu.

Pflaumen-Marmelade.

Nimm recht reife Pflaumen, gieße kochendes Wasser darüber und ziehe die Haut ab und nimm die Steine heraus, nimm so viel Frucht als Zucker, laß sie im Zucker etliche Stunden liegen, koche zu einem feinen Mus.

Pfirsich-Marmelade.

Zu diesem nimmt man reife Pfirsiche, koche auch welche von den Steinen im Wasser, koche die Pfirsiche 20—30 Minuten ohne den Zucker, rühre sie ganz fein, nun gieb den Zucker daran, zu 1 Pfund Frucht ¾ Pfund Zucker, laß es noch eine Stunde kochen, man muß meist immer rühren, bringt sie in Einmachgläser. Auf diese Weise können von allen Früchten Marmeladen gekocht werden.

Eine ausgezeichnete Apfelbutter.

Man nimmt die Hälfte Aepfel und Trauben, schält die Aepfel und kocht sie ganz fertig, nun reibt man sie durch den Durchschlag, ebenfalls kocht man die Trauben und reibt auch durch den Durchschlag, setzt beides zusammen auf, giebt je nach Geschmack Zucker daran, auch Gewürz, wie man es liebt, Zimmt und Nelken, kann auch ohne sein, kocht es etliche Stunden. Man muß nicht immer rühren. Dieses ist ausgezeichnet.

Eingemachte Gurken.

Es giebt sehr viele Arten, Gurken einzumachen, die Hauptsache ist jedoch der Essig. Von dem hängt sozusagen das ganze Glück ab, deshalb sehe man, daß man guten Essig bekommt. Ein leichter Weg, die kleinen Gurken einzumachen, ist folgender: Man nimmt die Gurken, wascht sie gut und gießt kochendes Wasser darüber, läßt sie in diesem stehen, bis es kalt ist, nun wirft man sie ins kalte Wasser und läßt sie ebenfalls eine Zeit lang stehen, nimmt sie dann heraus und trocknet sie ab. Nun hat man in einem Geschirr allerlei Gewürz, rothen Pfeffer, fein geschnitten, ebenfalls Meerrettigwurzeln fein geschnitten, Selleriesamen, dann packt man die Gurken in Einmachgläser, mit dem Gewürz dazwischen, setzt den Essig auf zum kochen, zu 1 Gallone Essig rechnet man 1 Tasse Zucker, ½ Tasse Salz, Alaun, so groß, wie eine Hickorynuß, läßt den Essig zum kochen kommen, gießt über die Gurken und siegelt zu.

Salz-Gurken.

Hierzu nimmt man ziemlich große Gurken, müssen jedoch noch grün sein und keinen Samen haben, bürstet sie gut in frischem Wasser, packt sie in ein Faß oder steinernen Hafen mit Lorbeerblätter, Dill, schwarzen und Nelkenpfeffer, Meerrettigwurzeln in Stücke geschnitten, zu einer Gallone Wasser nimmt man ¾ Pfund Salz, kocht dieses, wenn abgekühlt, gießt man es über die Gurken, sie müssen gut bedeckt sein mit dem Wasser, legt oben Blätter darauf und beschwert sie gut. In etlichen Wochen sind sie gut zum Essen. Wenn man keine Kirschenblätter hat, kann man Weinblätter nehme.n

Chow-Chow.

1 Peck grüne Tomatoes, ½ Peck grüne Bohnen, ¼ Pint grünen und rothen Pfeffer, 2 große Krautköpfe, 4 Eßlöffel voll weißen Senf, 2 Eßlöffel voll Nelken, 2 Eßlöffel voll all Spice, ½ Tasse Senf, 1 Unze braunen Zucker, 1 Unze Turmeric, hacke die Tomatoes und streue 1 starke Tasse Salz darüber, laß sie über Nacht

stehen, ebenso schneide die Bohnen und das Kraut, streue Salz darüber, Morgens drücke alles fest aus und setze es mit dem Gewürz auf das Feuer, bedecke mit Essig und koche 3 Stunden.

Weiße Zwiebel-Pickles.

Nimm die kleinen weißen Zwiebeln, schäle und lege sie 3 Tage ins Salzwasser, nun lege sie in das Gefäß, in welchem sie bleiben sollen, eine Lage Zwiebel, dann Meerrettig fein geschnitten darüber gestreut, ganzer Zimmt, Nelken und ein wenig rothen Pfeffer, fahre so fort, bis das Geschirr voll ist, koche Essig, zu 1 Gallone 1 Quart braunen Zucker und gieße heiß über die Zwiebel.

Eingemachter Blumenkohl.

Zu 12 Köpfen Blumenkohl nimm 5 Quart Essig, 5 Tassen braunen Zucker, 2 Tassen angemachten Senf, 2 Eßlöffel Ginger, ein wenig Knoblauch, ½ Theelöffel voll rothen Pfeffer, koche alles Gewürz 10 Minuten im Essig, den Blumenkohl koche im Salzwasser weich, dann thue ihn vorsichtig in die Gläser, gieße den kochenden Essig darüber und siegle zu.

Süße Pickles.

Diese können aus irgend welcher Frucht gemacht werden, z. B., Pfirsiche, Pflaumen, Trauben oder dergleichen. Man rechnet zu 7 Pfund Frucht 3 Pfund Zucker und 1 Quart Essig, Gewürz, 1 Unze ganzen Zimmt, Nelken, Muskatblüte, 1 Unze von jedem, oder 3 Pfund Frucht, 1 Pint Essig und 1 Pint Zucker, Gewürz die Hälfte von dem Obigen, kocht den Essig und Zucker, bindet das Gewürz in ein dünnes Tuch und kocht es mit dem Essig, nun thut man die Frucht hinein und kocht, bis man mit einem Besenstroh durchstechen kann. Man füllt die Gläser mit der Frucht ¾ voll, kocht den Saft noch ein und gießt dann über die Frucht, bis die Gläser voll sind, siegle fest zu.

Rothe Rüben.

Koche die Rüben weich, schäle und schneide in beliebige Formen. Zu 1 Quart Essig nimm eine Tasse Zucker und 1 Theelöffel voll gestoßene Nelken, gieße kochend darüber.

Für die Kranken.

Toast-Wasser.

Man bäht das Brot im Ofen. Mit Toast muß man sehr vorsichtig sein, daß das Brot gut durchgeröstet ist, denn wenn nur auswendig gebräunt und inwendig klebrig, ist es mehr schädlich als nützlich, man legt deshalb am besten die Brotschnitte erst in den Ofen, läßt es gut austrocknen und dann kann man es am Feuer fertig machen. Ueber solches Brot gießt man kochendes Wasser, man kann Zucker, Rahm und Muskatnuß daran thun. Im Sommer jedoch giebt man für kleine Kinder statt des Zuckers ein wenig Salz. Dies ist gut für Sommerkrankheit.

Sago-Custard.

Weiche 2 Eßlöffel voll Sago 1 Stunde in einer Tasse Wasser, koche bis klar, gieb ½ Tasse Rahm, etwas Zucker und leicht geschlagenes Ei daran, Extrakt nach Belieben.

Beefthee.

Man läßt sich beim Fleischer gutes, mageres Rindfleisch fein hacken, kocht es, bis alle Kraft heraus ist, oder kann man es auch in eine Flasche thun und ins kochende Wasser setzen, von diesem Saft sind nur etliche Tropfen nöthig, um eine Tasse Beeftea zu machen.

Getränke für Fieberkranke.

Gieße kochendes Wasser auf Weizenkleie, laß es ½ Stunde kochen, seihe durch ein Tuch und gieb Zucker und den Saft einer Citrone dazu, stelle aufs Eis. Auch Flachssamen kocht man mit Candelzucker, seiht es durch und giebt den Saft von etlichen Citronen dazu. Dieses ist sehr gut für Husten.

Gersten-Wasser.

Nimm ½ Tasse Gerstenkörner, laß sie in 1 Quart Wasser 1 Stunde kochen, wobei man immer kochendes Wasser nachgießt, seihe durch und gieb etliche Feigen, etliche Unzen große Rosinen, von welchen erst die Kerner herausgenommen sind, dazu, koche noch mehr, wenn fertig, muß es noch ein Quart sein.

Hafermehl-Gericht.

Man rührt 2 Eßlöffel voll Hafermehl in kaltes Wasser, dann rühre 1 Quart kochende Milch daran, Extrakt nach Belieben, gieß es in eine Form zum abkühlen. Man kann es mit Rahm oder Jelly geben.

Tapioca=Jelly.

½ Pint Tapioca, in 1 Quart Waſſer 3 Stunden eingeweicht, koche 1 Stunde in demſelben Waſſer, bis ganz klar, wenn beinahe fertig, drücke den Saft von 2 Citronen dazu, gieße in Formen und laß erkalten, gieb mit Rahm, in welchem man Zucker geſchlagen hat.

Korn=Mehl.

Man kocht das Kornmehl in Salz und Waſſer dünn, aber ziemlich lange, daß das rohe entfernt wird. Nun giebt man es mit geſchlagenem Rahm. Aus Hafermehl kann man denſelben machen.

Panada.

Nimm Boſton Crackers oder auch Zwieback, 2 Eßlöffel Zucker, ein klein wenig Salz, etwas Muskatnuß, lege dieſes auf die Cracker und gieße kochendes Waſſer darüber. Man kann 1 Löffel voll Brandy hineinthein, wo große Schwäche iſt.

Hühner=Jelly.

Nimm ein junges Huhn, ſchneide in Stücke und klopfe die Knochen weich, koche in 1 Quart Waſſer, bis das Fleiſch ganz weich und das Waſſer zur Hälfte eingekocht iſt, ſeie es durch ein grobes Tuch, gieb Salz und Pfeffer daran, und laß es nochmals 5 Minuten kochen, wenn kalt, nimm das Fett ab und gieb es dem Patienten kalt, gerade von dem Eis, mit Cracker, laß es auf dem Eis ſtehen. Man kann es auch zwiſchen Butterbrötchen geben.

Apfel=Waſſer.

Schäle einen großen, guten Kochapfel, nimm jedoch das Kernhaus nicht heraus, koche mit 3 Taſſen Waſſer, bis der Apfel ganz weich iſt, ſeihe durch ein Tuch, ſetze es auf das Eis und gieb etwas Zucker daran.

Jelly=Waſſer.

1 Löffel voll von irgend einem guten Jelly, ſchlägt man in ein Glas kaltes Waſſer.

Tauben=Suppe.

Zu dieſem kann es eine alte ſein. Man kocht ſie etliche Stunden mit Reis oder Gerſte, gießt es durch ein Sieb und rührt das Gelbe von einem Ei daran.

Tauben-Braten.

Junge Täubchen bratet man in Butter langsam schön gelb und macht aus Rahm und etwas Mehl eine schöne Sauce daran.

Beefsteak.

Man nimmt die kleinen Porterhouse Steaks, klopft sie gut und röstet sie auf Kohlen, legt sie auf einen heißen Teller, in welchen man das Salz, Pfeffer und ein Stückchen Butter gethan hat.

Citronen-Jelly.

Man nimmt eine Box Cox's Gelatine, gieße 1½ Pint kaltes Wasser darüber, läßt es 1 Stunde stehen, dann gieße 1½ Pint kochendes Wasser darüber, gieb die abgeriebene Schale und den Saft einer Citrone dazu, sowie 1 Pint Zucker, und den Saft von 3 Citronen, 2 Eßlöffel voll Essig, laß es eine Stunde stehen, rühre jedoch von Zeit zu Zeit, dann seihe durch ein Tuch. Wenn man will, kann man etliche samenlose Rosinen dazu thun. Bringe es auf das Eis. Dieses reicht eine lange Zeit für einen Kranken und ist sehr gut.

Guter Pudding

1 Pint Milch, 3 Eier, 2 Eßlöffel voll Mehl, 2 Eßlöffel voll Zucker, schlage den Zucker, Eier und Mehl, rühre die Milch dazu und backe in einer Puddingschüssel.

Etliche nützliche Winke.

Backpulver.

30 Unzen besten Cream of Tartar, 15 Unzen Bicarbonate Soda, 5 Unzen Mehl, siebe 2—3 Mal durch das Sieb und halte an einem trockenen Platz.

Apfelmost süß zu halten

Zu einem Faß voll nehme 1 Quart ganz frische Kuhmilch, ½ Pfund schwarzen Senfsamen und 6 frische Eier, rühre das Ganze zusammen und gieße in das Faß. Dieses hält den Most ein ganzes Jahr süß.

Ausgezeichnete Weißwasch.

16 Pfund Pariser Weiß, ½ Pfund Leim, welcher über Nacht in Wasser eingeweicht sein und morgens auf dem Ofen geschmelzt werden sollte, das Pariser Weiß wird in heißes Wasser gerührt, bis es die rechte Dicke hat, dann wird der Leim dazu gethan, gut gerührt und mit einer gewöhnlichen Bürste aufgetragen.

Senf.

½ Pfund Senfmehl, ½ Quart guten weißen Weinessig, 1 Theelöffel voll von gestoßenen Gewürznelken, man läßt dieses auf einem gelinden Feuer zum kochen kommen, rührt nun etliche Stücke weißen Zucker hinein und läßt nochmals aufkochen.

Eier aufzubewahren für den Wintergebrauch.

Zu je 3 Gallonen Wasser nimm 1 Pfund frisch gelöschten Kalk und 1 Pfund Salz, vermische es gut und bringe in ein Faß oder steinernen Hafen, laß die frischen Eier von einem Teller vorsichtig hineinrollen, daß sie nicht zerbrechen.

Wasch-Fluid.

1 Pfund Soda, ½ Pfund Kalk, 5 Quart Wasser, koche dieses kurze Zeit, laß es sich setzen und dann tue es in einen steinernen Krug, ½ Tasse von diesem zu 1 Zuber voll Wäsche.

Chinesisches Blau.

5 Cents chinesisches Blau, 3 Cents Sauerkleesalz, dieses macht 6 Quarts Blau. Man löst es im Regenwasser auf und füllt es in steinerne Krüge.

Feines Wasch-Fluid.

1 Pfund Soda, ½ Pfund Borax, 1 Unze Salz of tartar, 3 Quart Regenwasser, setze das Wasser auf den Ofen, bringe das obige dazu, laß es aufkochen und fülle in einen steinernen Krug. 1 Tasse voll von diesem für jeden Kessel Wäsche.

Vanilla-Extrakt.

1 Unze Vanille Bohnen, ganz fein geschnitten, 2 Unzen granulated Zucker, bringe dieses in eine Pintflasche, mit 4 Unzen Wasser und 10 Unzen Alkohol, setze es an einen dunklen Ort und schüttle es öfters während 14 Tagen und es ist fertig zum Gebrauch.

Citronen-Extrakt.

Schneide die Schale von Citronen in kleine Stücke, bringe sie in eine Flasche mit Alkohol darüber, setze es an einen warmen Ort für eine Woche lang, nun thue 2 Drachmen frisches Citronenöl dazu, 4 Unzen Alkohol und den Saft einer Citrone, man seiht die Citronenschalen erst, ehe man dieses dazu giebt.

Seife.

6 Pfund Pottasche, 4 Pfund Schmalz, ¼ Pfund Colophonium, pulverisire dasselbe, mische alles zusammen, setze es 5 Tage beiseite. Nun thue das Ganze in ein Fäßchen, das mit 10 Gallonen warmem Regenwasser angefüllt ist, rühre es zweimal des Tages 10 Tage lang, nach dieser Zeit werden es 100 Pfund Seife sein.

Inhalts-Verzeichniß.

       Seite
Vorwort...... 3

Suppen.
Feines Bouillon........... 5
Gewöhnliche Suppen 5
Rindfleischsuppe........... 6
Kartoffel- und Selleriesuppe........... 6
Schottische Hühnersuppe........... 6
Klare Ochsenschwanz-Suppe........... 7
Kalbskopf-Suppe........... 7
Tapioca Rahm-Suppe 8

Suppen ohne Fleisch.
Austern-Suppe........... 8
Milchsuppe mit Reis........... 8
Milchsuppe mit Klöße........... 8
Eiermilch........... 9
Haferschleim mit Apfel........... 9
Spargel-Suppe........... 9
Tomato-Suppe........... 9
Gebrannte Mehlsuppe........... 9
Eine schnell bereitete Brodsuppe...........10
Zwiebel-Suppe...........10

Fleisch und Braten.
Rippen-Braten...........10
Schmorbraten...........11
Sauerbraten...........11
Ein gewöhnliches Kochstück zu behandeln...........11
Beefsteak-Foleten...........12
Beefsteak-Braten...........12
Hamburger Steak...........12
Kalbs-Braten...........13
Kalbs-Brust...........13
Kalbfleisch-Laibe...........13

Geflügel aller Art.
Hühner-Pastete...........14
Gekochtes Huhn mit Klöße...........14

Andere Fleischgerichte.
Schinken und Zungen...........15
Hasen-Braten...........15
Austern-Patties...........16
Gulasch Pfefferfleisch...........16

Gemüse.
Spargeln...........17
Selleriewurzeln-Gemüse...........17
Blumenkohl...........17
Gefüllte Zwiebeln...........17
Gefüllter Krautkopf...........18
Kartoffel-Gemüse...........18
Kartoffelbällchen...........18

Ein billiges und schmackhaftes Gericht.................18
Gekochte Meerrettig Sauce zum Rindfleisch.............19
Sauce für Zungen......................................19
Macaroni mit Käse.....................................19
Käse-Souffle..19

Salate.

Mayonnaise-Sauce......................................20
Eine andere Sauce.....................................20
Hühner-Salat..20
Salmon-Salat..20
Tomato-Salat..21
Noch ein Salmon-Salat.................................21
Kartoffel-Salat.......................................21
Sellerie-Salat..21
Härings-Salat...22
Bohnen-Salat..22

Eier.

Rührei..22
Scalop-Eier...22
Gefüllte Eier...23
Gebackene Omelette....................................23

Mehl-Speisen.

Kartoffelklöße..23
Brotklöße...23
Cracker-Klößchen......................................24
Schnell gemachte Klöße................................24
Griesmehlklöße..24
Mandelklöße zum Obst..................................24
Gebackene Griesmehl-Klößchen..........................25
Leberklöße..25
Karthäuserklöße.......................................25
Welschkorn-Klößchen...................................25
Kuchenmichel..26

Brot.

Etliche Allgemeine Winke..............................26
Graham Brot...27
Graham Muffins..27
Boston Braunes Brot...................................27
Boston Braunes Brot anderer Art.......................27
Kaffee-Kuchen...27
Fruchtkuchen..28
Leichte Rolls für Abendgesellschaft...................28
Muffins, gut für Abendgesellschaft....................28
Waffeln...29
Reis-Waffeln..29
Waffeln mit saurem Rahm...............................29
Schwäbischer Guckelhopfen.............................29
Anis-Schnitten..29
Birnenwecken..30

Pies.

Ein feiner Kirschenpie................................30
Apfel-Custard Pie.....................................30
Citronen-Rahm Pie.....................................31

Mürbeteig für feinen Pie...31
Ginger-Brot...31
Ginger-Fruchtbrot...31

Cakes.

Hickorynuß-Cake...32
Billiger Cake...32
Sponge Cake...32
Schnee-Cake...32
Weißer Cake...32
Pfirsich-Cake...32
Citronen-Jelly Cake...32
Delikater Thee-Cake...33
Chokolade-Uebergluß für Cake..33
Icing für Cake..33
Billiger Frucht-Cake..33
Reicher Frucht-Cake...33
Angel Food Cake...33
Ein guter Erdbeeren-Cake..33
Mandel-Cookies..34
Rahm-Cookies..34
Sand-Torte..34
Mandel-Küchelchen...34

Nachtisch.

Apfel-Custard...35
Apfel-Schnee..35
Apfel-Küchlein..35
Mandel-Custard..35
Orange-Custard..35
Zwetschgen-Rahm...35
Himbeeren-Custard...36
Erdbeeren-Tarts...36

Vom Einmachen der Früchte.

Etliche allgemeine Winke..36
Kirschen-Kompote..37
Pfirsich-Kompote..37
Pflaumen-Marmelade..37
Pfirsich-Marmelade..37
Eine ausgezeichnete Apfelbutter...38
Eingemachte Gurken..38
Salz-Gurken...38
Chow-Chow...38
Weiße Zwiebel-Pickles...39
Eingemachter Blumenkohl...39
Süße Pickles..39
Rüben...39

Für die Kranken.

Toast-Wasser..40
Sago-Custard..40
Beefthee..40
Getränke für Fieberkranke...40
Gersten-Wasser..40
Hafermehl-Gericht...40
Tapioca-Jelly...41

Korn-Mehl ... 41
Panada ... 41
Hühner-Jelly ... 41
Apfel-Wasser ... 41
Jelly-Wasser ... 41
Tauben-Suppe ... 41
Tauben-Braten ... 42
Beefsteak ... 42
Citronen-Jelly ... 42
Guter Pudding ... 42

Etliche nützliche Winke.

Backpulver ... 42
Apfelmost süß zu halten ... 42
Ausgezeichnete Weißwasch ... 42
Senf ... 43
Eier aufzubewahren für den Wintergebrauch ... 43
Wasch-Fluid ... 43
Chinesisches Blau ... 43
Feines Wasch-Fluid ... 43
Vanille-Extrakt ... 43
Citronen-Extrakt ... 43
Seife ... 44